오은선의
한 걸음

도전한다는 것,
물러설 용기를 얻는다는 것

오은선의 한 걸음

오은선 지음

차례

prologue	06
꿈의 한 걸음, 인수봉(811m)	16
철밥통과 바꾼, 에베레스트(8,848m)	22
찬란함에 가려진 그늘, 가셔브룸Ⅱ(8,035m)	40
말없는 山, 브로드피크(8,047m)	56
다시 자연을 배운, 마칼루(8,463m)	68
들러리의 한계를 깨닫다, K2(8,611m)	74
스스로 끼운 첫 단추, 엘부르즈(5,642m)	87
그림자를 벗삼아 홀로서기, 매킨리(6,194m)	90
비난 받을 용기, 에베레스트(8,848m)	103
어설픈 대장도 잘 따라준, 킬리만자로(5,895m)	124
억겁의 기운을 받다, 빈슨매시프(4,892m)	133
절반의 성공, 시샤팡마(8,027m)·초오유(8,201m)	144
선애와 단둘이, 초오유(8,201m)	152
무산소의 자신감을 심어준, K2(8,611m)·브로드피크(8,047m)	163
첫 연속등정, 마칼루(8,463m)-로체(8,516m)	188
죽음의 유혹, 로체(8,516m)	203
무수한 나와의 갈등, 브로드피크(8,047m)	212
누가 논란을 조장하는가? 칸첸중가(8,586m)	225
운명을 갈라놓은, 낭가파르바트(8,126m)	246
마음은 발걸음보다 한 걸음 뒤에, 안나푸르나(8,091m)	262
15좌, 학문의 산(infinity)	290
epilogue	292

prologue

"아! 이 얼마나 역사적인 순간입니까! 만세~!"

2010년 4월 27일 현지 시각 오후 3시(한국시각 6시 15분) 나는 히말라야 14좌 마지막 봉우리 안나푸르나(8,091m) 꼭대기에 태극기를 꽂았다. 종일 전국에 생중계된 나의 등정은 "천안함사 건으로 암울했던 국내에 단비 같은"(<연합뉴스>), "스산한 봄을 환하게 밝힌"(<동아일보> 특별기고, 김서령) 소식이 됐다.

히말라야 14좌 등정은 남성들의 전유물이었다. 많은 여성이 도전했지만 꿈을 이루지 못하고 몇몇은 죽음을 맞았다. 여성산악인 최초 히말라야 14좌 완등에 언론은 "희박한 산소", "낮은 기압", "가파른 경사"를 "작은 체구의 한국 여성"이 온몸으로 기어올라 일궈낸 "아름다운 승리"라고 극찬했다.

2007년 K2(8,611m) 등반에 성공한 후 히말라야 14좌 도전에

뜻을 세웠다. 이후 스페인의 에두르네 파사반과 독일의 겔렌데 칼텐부르너 두 여성이 도전 중이라는 사실을 알게 됐다.

나는 '세계 여성 최초' 기록보다 "지금까지 남녀를 통틀어 15개월 동안 8,000미터 8개 봉을 무산소로 오른 전무후무한 사람"이라는 라인홀트 메스너(Reinhold Messner, 인류 최초 히말라야 14좌 완등, 최고봉 에베레스트 무산소등정)의 평가에 더 큰 자부심을 갖는다. 어처구니없게 칸첸중가(8,586m) 등반이 '논란 중' 꼬리표를 달게 됐지만 두 봉우리씩 연속적으로 1년에 5~6개 봉우리에 도전한 사람은 내가 처음이었다.

히말라야에 도전한 여성은 많았지만 대다수 존재조차 알려지지 않았다. 그 이유를 메스너는 "100년 전 남성등반가들은 여성등반가들과 비교되는 것을 싫어하고 뛰어난 여성등반가의 출현을 못마땅하게 여겨 의도적으로 막았기 때문"이라고 했다.

암벽등반에서도 힘은 절대적인 것이 아니다. 미세한 균형감각이 요구되는 코스가 많아 몸을 가눌 힘과 지구력, 무엇보다 담력이 중요하다. 턱걸이를 50개나 하는 남자 동기가 한두 개도 겨우 하는 나보다 톱 서기를 꺼렸다.

대학시절부터 山악계는 성차별이 만연돼 있었다. 학생연맹 회장은 남자가, 부회장은 여자가 맡는 게 당연했다. 지금도 山악계는 남자들이 이끈다. 전국산악연맹 역시 요직에 남자들이 앉아 있다. 산의 가르침과 자연의 섭리가 아니라 회장 한마디에 山악계가 좌지우지된다.

　메스너는 "이제 세 여성(오은선, 에두르네 파사반, 겔렌데 칼텐부르너)이 히말라야 14좌를 완등했고, 미국의 린 힐은 남성들도 못한 거벽을 오르며 여성산악인들의 도전이 빛을 발하기 시작했다"고 말했다.(임성묵, 2014)

젊은 날엔 젊음을 모르듯 山을 오를 땐 山을 알지 못한다. 천신만고 끝에 오른 정상에서 내려올 때도 나는 山을 알지 못했다. 7대륙 최고봉도 모자라 히말라야 14좌를 다 오르고 내려온 후에도 山은 답을 주지 않았다. 그리고 10년. 나는 다시 山에게 말을 걸었다. 이번엔 글이다.

여성등반가 반다 루트키에비치(Wanda Rutkiewicz, 1943-1992)나 앨리슨 하그리브스(Alison Hargreaves, 1962-1995)는 기록을 남겼지만 지현옥(1959-1999), 고미영(1967-2009) 같은 국내 여성산악인은 히말라야 등반을 하고도 기록을 남기지 못하고 히말라야에서 유명을 달리했다.

생생한 등반기는 정광식이 집필한 《영광의 북벽》(1989)이 대표적이다. 1970년대 대학山악부 출신 셋이 알프스 3대 북벽 중 가장 늦게 초등된 난공불락의 아이거 북벽을 4박5일간 오른 기록이다. 히말라야 등반기로는 고상돈이 정상에 태극기를 휘날리며 국민영웅이 된 77에베레스트원정대의 원정보고서가 30년 만인 2007년 출간됐다. 1986년 K2원정대를 이끈 김병준 대장의 《K2, 죽음을 부르는 山》(1989)은 산악인들 사이에서 가장 많이 읽혔다. 2005년 네팔 동부 쿰부 히말라야에 있는 촐라체(Cholatse, 6,440m)를 오르며 9일간의 사투 끝에 자신은 손가락 10개를, 후배는 발가락 10개를 모두 잃고 살아돌아온 체험기인 박정헌의 《끈》(2013)이 있다. 여성산악인 산행기로 홀로 태

백산맥을 종주한 남난희의 《하얀 능선에 서면》(1990) 등이 있다. 히말라야 14좌를 완등한 국내 山악인은 엄홍길, 박영석, 한왕용, 오은선, 김창호, 김재수, 김미곤, 김홍빈 여덟인데 이들이 남긴 등반기록은 미미하다.

 山은 山이고 나는 나였다. 山은 나에게 올라오라 하지 않았다. 때로는 구름으로 때로는 눈사태로 나를 허락하지 않았다. 조지 말로리처럼 "山이 그곳에 있기 때문에" 올랐을 뿐이다.

 누구는 기록을 세우고 누구는 죽음을 맞기도 했다. 순수했던 도전은 욕심을 넘어 탐욕이 됐고, 숭고한 등반은 경쟁만 남은 스포츠로 전락하고 말았다. 검투사처럼 관중의 환호 속에서 목숨을 걸고 싸워야 하는 신세가 되고 말았다.

 나는 높은 山을 다 올랐지만 정작 사람의 山을 넘지 못했다. 8,000미터가 넘는 봉우리를 열네 개나 넘었지만 고작 한 길

사람을 넘지 못한 아이러니를 어떻게 설명할 수 있을까.

고산등반 초기 홍일점으로 히말라야 원정을 따라갔을 때 남자들만의 세계에 익숙해 있던 남자후배들에게 여자선배의 존재가 어떠했을지 헤아리지 못했다. 대원들과의 소통이 원활하

지 못했고 등반 내내 고독하고 괴로웠다. 나와 山만 보았지 그들의 입장을 헤아리는 역지사지(易地思之)가 없었다.

사람의 山은 자연의 山과 비교할 수 없을 만큼 높고 험했다. 가늠하기 어려운 山, 화내는 山, 시기하는 山, 차별하는 山, 왜곡하는 山, 상처 주는 山, 상처 받는 山. 사과하지 못하는 山, 용서하지 못하는 山. 사람의 山은 '갈등의 크레바스'투성이다. 아무리 올라가도 정상은 가늠할 수 없었다. 내가 넘지 못한 사람의 山이 어디 타인뿐이랴. 나는 나라는 山도 넘지 못했다.

학창시절부터 7대륙 최고봉과 히말라야 14좌를 등반하면서

기록한 일기와 메모가 35권에 달했다. 책을 쓰는 내내 과거의 나를 만나며 14좌를 다시 올라야 했다. 고군분투하는 내가 안쓰러워 눈물이 왈칵 쏟아져 집필에 집중하기 어려웠다. 시시각각 죽음과 직면하는 공포, 경제적인 어려움에도 왜 등반을 하는지 알지 못한 채 심장이 뛰는 곳을 향해 발걸음을 내디뎠다. 山악인의 숙명을 타고난 이들이 다 그렇듯 처음엔 山이 좋아 시작한 山행이 '업'이 되고 '생계'가 되고 '굴레'가 됐다. '하고 싶은 일'이 '할 수 있는 일'이 되고, 어느덧 '할 수밖에 없는 일'이 되고 만 것이다.

언론이 나를 주목한 것은 2005년 7대륙 최고봉을 오르면서부터다. '국내 여성 최초' 기록을 세웠기 때문이다. 히말라야 14좌 완등에 도전하면서 언론은 나의 뒤를 쫓는 고미영과 나를 라이벌 구도로 그려나갔다. 그 와중에 고미영은 생을 달리하고 말았다.

나는 무모한 스포츠식 경쟁을 하지 않았다. 경쟁상대는 타자가 아닌 내 안의 나였다. 할 수 있다는 확신이 섰을 때만 강행하고 돌진했다. 山이 허락하지 않으면 멈추고 돌아섰다.

고山등반은 스포츠가 아니다. 이른바 '스포츠의 5요소'인 무대, 규칙, 심판, 상대, 관중으로 구성되지 않는다. 8,000미터가 넘는 고도에서 목숨을 건 고山등반의 '무대'는 규격화되지 않은 변화무쌍한 山이다. 고山등반의 '규칙'은 자연의 순리이고

'심판'은 없다. 맞설 '상대'는 타인이 아니라 자신이고 '관중'도 없다. 고산등반에서는 맞설 상대가 아니라 협력할 동료가 있을 뿐이다. 상대가 없기에 경쟁은 무의미하며 타자와의 '경쟁'이 아니라 자연에 '순응'하는 겸손이 요구된다.

『등山은 대가를 요구하지 않는 인간의 순수한 의식과 행동이며 자연에 대한 가장 순수하고 가혹하며 신중한 도전이다.』

2008년 마나슬루 등반 일기에 메모된 이 글은 어디서 인용했는지, 누가 한 말인지 기억에 없다. 나에게도 고山등반은 자연의 일부로 생존본능의 자유로운 움직임에 충실한 즐거운 놀이였다.

성공과 영광의 순간만 있지는 않았다. 하늘에 다가갈수록 죽음과 가까워짐을 느끼고 죽음에 직면하기도 했던 나에게 가장 귀중한 가치는 '살아있음'이다. 고소에서 피를 토하며 살기 위해 몸부림치던 나에겐 일상으로 돌아와 숨 쉴 수 있는 것이 행복이었다. 악천후를 뚫고 오르려는 '나'와 자연의 섭리에 순응해 무사히 내려가려는 '나'는 끊임없이 충돌했다.

자연이 주는 시련에는 감정이 없다. 섭리대로 나아갈 뿐이다. 인산은 거스르지 않고 순응하면 된다. 정상에 다다를 때까지 정진하고 베이스캠프로 살아 내려오기까지 쉼 없이 걸어야 등반이 완성된다. 최고봉들을 오르내리며 수천만 걸음을 걷고 나서야 '한 걸음'의 의미를 알게 됐다. 오르리라는 수만 번의 꿈보다 내딛는 한 걸음이 중요하다.

인생이 드라마틱한 것은 한 치 앞도 알 수 없는 미래 때문이다. 자신의 미래를 알면 인생이 얼마나 따분할까. 처음 山에 다닐 때만 해도 고山등반은 상상도 못했고, '철밥통'을 버리고 7

대륙 최고봉과 히말라야 14좌를 등정하리라곤 꿈에도 몰랐다. 유명해짐과 동시에 혹독한 유명세를 치르리라는 것도 알 수 없었다. 등山은 내 삶의 전부다. 山을 빼고는 말할 수 없을 만큼 山은 내 삶에 깊숙이 자리잡고 있다. 그야말로 '나의 심장'(오은선, 류태호, 2018)이다.

꿈의 한 걸음, 인수봉(811m)

"인수봉 정상에 오르면 다들 파김치가 되는데
너처럼 지치지 않고 좋아하는 애는 처음 본다"

나는 지리산 자락 남원 운봉 용운동에서 태어났다. 초등학교 입학 전까지는 할아버지 할머니 집에 잠시 맡겨져 있기도 했다. 친척 오빠들 꽁무니를 따라다니며 소나무 등을 타거나 개울에서 총싸움 하며 놀았다. 초등학교 입학할 무렵부터는 군인인 아버지의 전근으로 강원도 산골 관사에서 살며 친구들과 뒷동산에 올라 '진달래 먹고 물장구치고 다람쥐 쫓으며' 놀았다. 그래서일까?

나는 산을 무척 좋아한다. 눈 덮인 산을 보면 설렌다. 2학년 때 서울로 전학 와 5학년이 된 해 봄이었다. 가족소풍으로 버스를 타고 도봉산을 향해 가고 있었다. 차창 밖으로 펼쳐지는 풍경을 무심히 바라보다 시간이 멈춘 듯 강렬한 장면이 눈에 들어왔다. 미끈하게 우뚝 솟은 거대한 바윗덩어리. 북한산 인수봉이었다. 잘생긴 인수봉에는 까만 점들이 꼬물거리고 있었다. 사람들이 바위에 붙어 오르는 것이 너무나 인상적이었다.

그 바위 이름이 뭔지, 클라이밍이 뭔지 몰랐다. 그냥 꼭대기부터 줄이 매달려 있고 어른들이 그것을 잡고 올라가는 걸로만 알았다.

"어른이 되면 꼭 해봐야지!"

인수봉은 열두 살 소녀의 가슴에 불씨를 심었.

대학에 들어가 산악부에 가입했다. 처음엔 초등학교 5학년 때의 상상과는 거리가 있는 클라이밍이 무서워 산악부 가입을 망설였는데, 바위는 안 타고 걷기만 해도 된다는 선배의 꼬임에 넘어갔다.

처음엔 모두 등반하러 가고 혼자 덩그러니 남아 종일 텐트를 지켰다. 매듭부터 기본기술을 익히기 시작했다. 마침내 온몸으로 기어올라 인수봉 정상에 섰을 때의 기분이 아직도 생생하다. 껑충껑충 뛰어 내려오면서 첫 등정의 흥분을 주체하지 못하는 나를 보고 한 선배가 "인수봉 정상에 오르면 다들 파김치가 되는데 너처럼 지치지 않고 좋아하는 애는 처음 본다"고 했다.

내 키를 훌쩍 넘는 무거운 배낭을 메고 인수봉 야영장으로 향하던 날이었다. 호흡과 발걸음에 집중하며 오르는데 어느 순간 배 밑바닥에서부터 뿌듯함이 밀려오며 가슴이 터질 것 같이 벅차오르더니 세상을 다 가진 것 같았다. 태어나 처음 느낀 충만함이었다.

산악부생활이 삶의 중심이 됐고 모든 일의 최우선은 등반이었다. 졸업 후 학원강사를 거쳐 서울시교육위원회 산하 서울과학교육원에서 전산직 공무원으로 근무할 때도 그랬다.

철밥통과 바꾼,
에베레스트(8,848m)

공무원을 그만두고 온 사실을
말하지 않고 떠나왔다.
반대할 것이 뻔했기 때문이었다.
그 사실을 까맣게 잊은 채
엄마가 보고 싶어 전화를 했는데
야단만 실컷 맞았다.

대학산악부 전통 중 하나는 졸업 후에도 재학생들과 함께 등반하는 것이었다. 나 역시 공무원으로 근무하면서 주말마다 재학생들과 인수봉과 선인봉에서 암벽등반을 했다. 하지만 몸은 국내 산을 오르면서도 마음은 히말라야에 가 있었다.

1988년 서울올림픽 이후에야 해외여행 자유화가 이루어졌다. 그런 시절에 히말라야에 가본 것만으로도 부러움을 샀고 8,000미터 정상에 오른 산악인은 히말라야 신과 동급으로 여

겨졌다. 해외원정등반을 꿈꾸면서 언제든 등반을 떠나도 될 상태의 몸을 만들어 놓아야겠다 결심하고 실천에 옮겼다. 고산등반에 가장 필요한 신체능력은 폐활량이었다. 폐활량을 기르는 데는 수영이 제격이었다. 1986년 아시안게임 금메달리스트 최윤희 선수에 매료돼 배운 수영은 일상의 한 부분이 됐고 고산등반을 준비하는 데 밑거름이 됐다.

공무원생활 2년째인 1991년 여름 여덟 산아가씨가 에베레스트(8,848m)를 등반한다는 소식을 접했다. 여자들끼리 세계 최고봉인 에베레스트를 오른다는 것은 상상도 해본 적 없었다. 20대 중반 여성이면 서른 전에 짝을 찾아 시집가는 분위기였다. 여자 동기 박경이는 시집을 갔음에도 아마다블람(6,856m) 등반을 준비하고 있었다. 시집도 못 가고 해외원정도 한 번 못한 내가 한심하고 초라했다.

내년이면 27. 어느 정도 나의 세계를 만들어 놓아야 할 시기인 것 같은데, 지금의 나는 그동안 어떤 형태의 성을 쌓아 왔던가. 엉성한 형태로 여기저기 쌓다 만 성들만이 흩어져 있다. 나 자신을 하나하나 체크해 보자. 교양, 전공, 어학, 산, 인간성, 인생관, 가치관, 무엇하나 자신 있는 것이 없는 것 같다. 산다는 것은 무슨 의미가 있을까? 삶의 의미. 나에게 주어진 삶의 보통이는 무엇일까? 나는 어떤 의무를 지니고 태어났을까? 나, 나. 지금의 나는 어떤 모습을 하고 있을까. 아니, 나를 어떤 모습으로 만들어 갈까. 얼마 남지 않은 이 한 해 동안에 차근차근 정리하며 내년을 설계해야겠다.
(1991. 12. 17. 일기)

　1991년이 저물 무렵 '여성에베레스트원정대' 대원선발훈련 소식을 들었다. 등반을 준비하던 여덟 산아가씨가 자금문제로 대한산악연맹에 지원을 요청했고 연맹 사업으로 바뀌면서 대원을 선발하기로 한 것이었다. 이미 선발훈련 참가 신청이 마감된 상태였다. 아쉬운 마음에 혹시나 하고 나도 신청을 했다.
　이듬해 1월 9일 직장동료들과 점심을 먹고 들어왔는데 애초 여성에베레스트원정을 주도했던 남난희 선배로부터 전화 메모가 와 있었다. 가슴이 마구 뛰었다. 훈련 떠나기 며칠 전 나도 참가할 수 있었다. <사람과 산> 2월호에 여성에베레스트원정대원 선발훈련 참가자 명단이 실렸다. 나보다 어린 친구가 많아 위축됐다. 간절히 원하던 일이었지만 훈련을 앞두고 두려움이 엄습했다.
　가장 힘든 것이 부모님께 말씀드리는 일이었다. 설거지하고 빨래도 하며 기회를 포착해 허락을 받아냈다. 1차 선발훈련은 6박7일간 진행됐다. 155센티미터인 내가 178센티미터 선배의 등산복을 빌려 입고 참가했다. 2월 1일 대학로 흥사단 앞에 집결 후 오전 8시쯤 출발해 오후 1시 50분 설악동에 도착했다. 와선대 아래에 베이스캠프를 구축했다. 이튿날부터 본격적인 훈련이 시작됐다. 4개 조 중 나는 1조에 배정됐다.

각 조에 심사위원 한 명이 동행하며 우리를 평가했다. 매일 아침 6시에 기상해 훈련을 마치고 고산등반 기초이론을 공부하다 보면 밤 9시를 넘겼고 취침은 11시가 넘어야 가능했다. 첫날과 둘째 날은 설악골과 토막골을 오가며 계곡등반을 했다.

첫날 조별로 등반을 떠나기 전 러셀(russell, 선두에서 눈을 쳐내 길을 다지면서 나아가기)훈련을 했는데 내가 1등으로 마쳤다. 뜻밖에 자신감을 얻은 나는 훈련이 재밌어졌다. 비선대 앞 적벽에 고정(fix)로프를 설치하고 주마(어센더, assender, 고정된 로프를 타고 오르는 데 사용하는 장치. '등강기'라고도 한다.) 사용 같은 등반에 실제 적용

되는 동작을 익혔다. 울양말 한 켤레도 살 형편이 못 돼 면양말을 신었기 때문인지 등반을 마치고 돌아오면 발이 퉁퉁 붓고 등산화 속은 땀으로 질퍽거렸다.

셋째 날과 넷째 날은 다시 조편성을 한 후 저항령에서 마등령을 지나 금강굴이 있는 토막골로 하산하는 1박2일 종주훈련이 진행됐다. 텐트 없이 자는 비바크훈련이었다. 다섯째 날은 러셀훈련을 했다. 낮에는 훈련하고 저녁에는 이론을 배웠는데 고소증세 대응부터 무전기를 비롯한 장비 사용법과 식량 및 배낭 무게, 행정에 이르기까지 전 과정을 출국 전과 후로 나누어 상세하게 교육받았다. "좋은 장비는 생명과 직결된다"는 말이 인상적이었다. 이후 장비 구입에 신중해졌고 과감한 투자를 했다.

선발훈련을 마치고 돌아오는 차 안에서 떨어지면 어쩌나 불안했다. 서울 가기가 싫고 마음이 허탈했다. 재학생 시절 지리산 종주를 마치고 돌아왔을 때의 허탈감과 비슷했다. 일상으로 돌아온 나는 일이 손에 잡히지 않았고 언제 결과가 나올까 초조한 나날을 보냈다. 일주일이 못 돼 대장인 남난희 선배로부터 "정찰등반을 갈 수 있느냐?"는 전화를 받았다. 1차 선발훈련을 통과했다는 의미였다. 무조건 가겠다고 했다. 꿈인지 생시인지 분간이 안 갈 정도로 기뻤다.

하루가 어떻게 가는지 알 수가 없다. 앞으로 내 삶의 방향이 어떻게 바뀔 것인가. 요즈음은 흥분 속에서 항시 들떠 있는 기분으로 살아간다. 좌우지간 즐겁다. 그저 산이 좋아서 친구들이 좋아서 주말마다 배낭 하나 달랑 메고 다니던 내가 에베레스트라니 정말 꿈만 같다. 새로 태어난 기분이다. 나처럼 소박하게 산행하던 사람한테도 이런 기회가 주어지다니 세상은 어떻게 보면 공평하다. 기쁘다. 아무나 붙잡고 막 얘기하고 싶어진다. (1992. 2. 13. 일기)

정찰대원으로 선발됐다는 연락을 받고 아무것도 할 수 없을 만큼 기뻤다. 기쁨도 잠시 공무원법상 장기휴가는 출산휴가나 병가 외에는 안 된다는 사실을 알게 됐다. 순간 '공무원을 그만둬 버릴까' 하는 마음이 들었다. 정찰대 참가 못한다고 본대 참가까지 못하는 것은 아니니 상심하지 말라는 주변의 위로는 도움이 되지 않았다. 백방으로 알아봤지만 그만두는 거 외에는 답이 없다. 본대도 아닌 정찰 등반 때문에 공무원직을 그만둘 수는 없었다. 결국 정찰등반은 포기했다.

정찰대 준비를 위해 장비를 맡았지만 일이 손에 잡히지 않았다. 정찰대 명단과 운행 일정을 보면서 더욱 심란해졌다. 심지어 훈련 중 정찰대와 차별대우를 받는 느낌을 받았고 소외감마저 들어 훈련도 하기 싫어졌다.

본대 대원으로 뽑히기 위해 최선을 다하겠다 다짐해 보았지만 내 마음은 하루에도 열두 번씩 요동쳤다. 그 등반이 거대한 산처럼 부담스럽게 다가왔다가는 어느새 작은 봉우리로 변해 있었고 내가 무엇을 하고 있는지가 뚜렷하다가도 도대체 무엇을 하고 있는지 알 수 없었다. 마음을 추스를 방법은 운동에 집중하는 것뿐이었다. 윗몸일으키기, 팔굽혀펴기, 뒷산 뛰어오르기를 하며 체력을 다지는 일에 집중했다. 매주 하중훈련과 암벽등반을 병행했다.

2차 선발훈련은 1차와 같은 설악산 일대에서 8월 8일부터 14일까지 진행됐다. 심사위원들 눈에 띄려 적극적으로 과제를 완수했다. "나무에 로프 고정하고 올 사람?" 하면 제일 먼저 손을 들었다. 9월 22일 합격 통보를 받았다. 공무원을 그만둬야 할지도 모른다는 불안감을 안고 기뻐했다.

이튿날 서울연맹 사무실에 선발자들이 모였는데 대장이 바꿰어 있었다. 남난희 선배는 보이지 않았고 지현옥 선배를 원정대장으로 소개받았다. 내가 선발됐다는 기쁨에 탈락된 사람들에게는 생각이 미치지 못했다.

본대에서 내가 맡은 임무는 식량이었다. 에베레스트 등반을 다녀온 다른 팀들의 원정보고서를 참고할수록 식량에 대한 부담감만 커졌다. 매일 점심시간과 퇴근 후 모여 계획서를 작성했다. 집에 늦게 들어와도 줄넘기 1,000번, 물구나무서기 40초, 윗몸일으키기 30회, 팔굽혀펴기 30회를 마친 후 잠자리에 들었다.

출발 4개월 전부터 시작된 합숙훈련은 혹독했다. 매일 새벽 2~3시까지 회의하고 잠시 눈만 붙였다 6시에 일어나 구보를 했다. 직장인은 나와 병원 다니는 곽명옥 언니 둘뿐이었다. 잠이 부족해 하루가 다르게 체력이 고갈돼 갔다. 만년설 위를 걷는 상상을 하며 고된 훈련을 견뎌냈다.

직장생활 하며 등반훈련에 참가하다 보니 어려움이 많았다. 극기훈련으로 지리산을 무박3일로 종주할 때도 그랬다. 10월 30일 서울에서 출발해 지리산 종주를 마치고 11월 1일 <한국일보>가 주최한 '1시 노고단에서 만납시다!' 행사에 참석한 후 서울 집에 도착하니 2일 새벽 2시 30분이었다. 그 날은 '새마을청소의 날'이어서 잠시 눈을 붙이고 6시에 일어나 8시까지 출근했다. 지리산 종주를 떠난 날부터 돌아올 때까지 사흘간

한숨도 못 잔 상태에서 3시간 정도 눈 붙이고 직장으로 출근하는 것은 힘에 부쳤다.

단체훈련을 하던 12월 6일은 일요일이었다. 운악산 산행을 마치고 합숙소로 돌아와 그 주 식사당번으로 저녁 준비를 하는데 아버지가 전화를 주셨다. 일직인데 출근하지 않아 사무실이 발칵 뒤집혔다고 하셨다. 정신이 아득했다. 엎질러진 물이니 주워 담을 수도 없었다. 이튿날 사유서를 제출했다. 훈련에 집중하다 직장에서 불성실한 사람이 돼 버렸다. 엎친 데 덮친 격으로 합숙소 동료들로부터도 따돌림을 받아 합숙생활이 부담스러워졌다.

식량 준비로 바쁜 어느 날 정명숙 부대장이 나를 불러 식량 스폰서를 찾아보라고 했다. 혼자 감당하기 벅찬 일이었다. 아무리 힘들어도 동료들이 위로해주면 견디겠는데 나는 낙동강 오리알 신세였다. 나를 돌아보며 문제점을 찾아보려 했지만 쉽지 않았다. 터놓고 애기할 친구가 없는 게 가장 힘들었다.

형한테 전화함. 동아식품 포카리 공문에 대해 문의. 신통치 않다. 어려울 것 같아 또 한 풀 꺾인다. 너무 힘들다. 스폰서는… 군중 속의 고독이라 했던가. 외롭고 힘들다. 무엇보다 한 데 섞일 수 없는 것 같은 기분이 나를 더 착잡하게 만든다. 왜 그럴까. 나에게 문제가 있는가 보다. 다들 잘 어울리는데 나만 못 어울리는 거 같아 속상하다. (1992. 12. 11. 일기)

대학산악부에선 남녀를 떠나 선배를 "형"이라 불렀다. 간혹 남자후배가 여자선배를 "언니"라고 부르는 산악부도 있었다. 학과 선후배와 친구들은 의아해하며 "왜 그러느냐?"고 묻곤 했는데, '학형'의 준말이라고 궁색한 대답을 하곤 했다. 지금 생각해 보면 산악부 문화가 남성중심이었기 때문이었던 것 같다. 내 안의 남성상을 과시하고 싶은 면도 없지 않았다.

합숙훈련 중 '빠따'를 맞은 적이 있다. 며칠 후 단체로 동네 목욕탕에 갔다. 남자로 오해받은 대원이 있어 실랑이 끝에 목욕탕 안에 들어갔는데 사람들이 우리를 슬슬 피했다. 대원들 뒤태를 보니 허벅지에 대걸레자루로 맞은 시퍼런 피멍 자국이 선명하게 그어져 있었다. 창피해 서둘러 목욕을 마무리하고 도망치듯 나왔다.

그 일화는 무용담이 됐다. 나는 누군가 그 이야기를 하면 같이 웃고 있었지만, 왜 맞아야 했는지 이해할 수 없었다. 선배가 때리면 맞아야 하는 줄로 알았고 다들 맞으니 맞았을 뿐이었다. 산악계에 뿌리박힌 '선배는 하늘, 후배는 노예'라는 문화의 영향이었으리라 생각된다.

남성이 이끌고 가던 시절 군대문화가 그대로 산악부로 전이된 것이 아닌가 싶다. 목욕탕사건은 여성임에도 산악계 문화에 젖어있던 남성중심적 사고에서 벗어나지 못하고 있었음을 방증한다. '남존여비(男尊女卑)' 사회에서 자란 여성대원들이 스스로 남성화해 우월한 지위에 오르려는 무의식의 반영이 아니었나 싶기도 하다.

허드렛일을 하더라도 입에 풀칠은 할 자신이 있었다. 사표를 쓰고 3월 3일 짐을 항공화물로 보내고 5일 발대식을 했다. 6일 부대장을 포함해 다섯 명의 선발대가 떠났고 11일 본대도 출발했다. 오전 6시 40분 김포공항. 원정대원들은 화물수송비를 아끼려 다리가 후들거릴 정도로 기내에 들고 갈 배낭 가득 짐을 담았다가 '중량초과'로 일부는 화물로 보냈다.

부모님과 동생, 동기들의 배웅을 받으며 출국수속을 마쳤다. 엄마와 여동생이 우는 통에 나도 눈이 뜨거워졌다. 기내에 앉아서도 마음이 편치 않아 양희는 노래로 슬픔을 달랬다. 태어나 28년 만에 처음 해외에 나가는 것이었다. 장시간 비행기 안에서 시달리며 도착한 네팔 트리부반공항은 낯선 냄새로 나를 반겨주었다. 몸도 마음도 낯선 환경에 적응하지 못해 체하고 비실비실하기 시작했다.

며칠간 현지 식량 준비며 행정 절차를 마치고 카라반(caravan)이 시작되는 마을 루크라(Lukla, 2,840m)로 떠났다. 카라반은 히말라야 등반에서 교통기관을 이용할 수 있는 최종 지점부터 베이스캠프까지 등반에 필요한 물자를 현지인을 고용해 옮기는 것을 일컫는다. 원래는 사막이나 초원같이 교통이 발달하지 않은 지역에서 낙타나 말에 짐을 싣고 떼를 지어 먼 곳으로 다니면서 교역하는 상단의 행렬을 의미했다.

떠나기 전날 호텔에서 집으로 전화를 했다. 네팔에서 국제전화는 교환원이 있는 일부 호텔에서만 가능했다. 공무원을 그만두고 온 사실을 말하지 않고 떠나왔다. 반대할 것이 뻔했기 때문이었다. 그 사실을 까맣게 잊은 채 엄마가 보고 싶어 전화를 했는데 야단만 실컷 맞았다.

> 저녁에[6:30~7:00] 앰버서더호텔에 가 국제전화. 오랜만에 마음먹고 한 전화인데 야단만 실컷 먹었다. 직장 문제가 이제 터진 모양이다. 엄마가 너무너무 괘씸해 하시는 것 같다. 의논 한마디 없이 그러고 갔느냐며 네팔에서 살라신다. 오지도 말라신다. 왠지 모를 서글픔이 밀려온다. 너무 평범하고 당연한 반응. 그 이상도 이하도 아닌… 갑자기 외로워진다. (1993. 3. 18. 일기)

루크라로 가는 경비행기는 18명 정도밖에 탈 수 없었다. 30분 넘게 조마조마하며 왔는데 활주로가 가관이었다. 100m 정도 되는 짧은 활주로는 낭떠러지와 경사도를 이용해 이착륙할 수 있게 만들어져 있었다.

이착륙하는 비행기들로 루크라공항은 쉴 새 없었다. 맑은 날에는 정상적으로 비행기가 움직이지만 조금만 날씨가 나빠도 운행이 안 된다고 했다. 주변 건물들이 예쁘게 채색된 루크라공항은 깔끔했다. 2,800고지 루크라는 카트만두보다 1,400

미터나 높고 산으로 둘러싸여 있어 추웠다. 첫날 히말라야 롯지(Lodge)에서 요기하고 팍딩(Phakding, 2,610m)까지 이동했다.

베이스캠프로 가는 내내 몸 상태가 좋지 않았다. 먹으면 바로 속이 쑤셨고, 조금만 속도를 내 걸으면 숨이 가쁘고 골이 띵했다. 식량 담당은 신경 쓸 일이 많았다. 매끼 식사가 제대로 나오는지, 맛은 괜찮은지 대원들이 잘 먹는지 등등. 요리를 해본 경험이 거의 없어 여간 고역이 아니었다. 다행히 네팔에서 합류한 우리 팀 쿡이 솜씨가 좋아 모두 맛있게 잘 먹어주었다. 쿡은 건어물 재료들을 적당히 불려 매끼 다른 요리를 해주었다. 수많은 한국 원정대의 쿡으로 일하며 쌓은 실력이었다.

> 3월 24일 저녁 - 버팔로불고기, 된장, 고추장, 양념, 뭇국, 전. 아침 - 북엇국, 호박볶음, 도라지무침, 버섯볶음, 김. 쿡 '가지'의 음식 솜씨가 보통이 아니다. 모두 맛있게 잘 먹는다. 호박, 도라지는 건어물로 가져온 건데 불린 상태가 양호하다. 고소적응훈련으로 뒷동산에 올라갔다 옴. 나는 4,780m까지 다녀옴. (1993. 3. 25. 일기)

베이스캠프 입성 이틀 전부터 머리가 아프고 어지럼증이 나타났다. 특히 목의 통증이 심했다. 베이스캠프에 도착해서는 기침과 구역질까지 할 정도로 상태가 나빠져 약에 의존해야 했다.

4월 1일 라마제를 마치고 등반이 시작됐다. 첫날 캠프1에 올려야 할 짐은 텐트와 식량, 석유로 그 무게만 165킬로그램이고 쌀과 버너 등을 나누어 대원들은 1인당 15킬로그램씩 수송했다. 4월 4일 처음으로 캠프1까지 다녀왔다. 페이스를 유지하며 걸은 덕분이었다.

5일 저녁회의 때 이튿날 운행할 대원을 선발했다. 한 명 한 명 발표되는 동안 조마조마했다. 마지막에 내 이름이 호명돼 기뻤다. 8일부터 9일까지 캠프1에서 1박을 하고 내려왔다.

캠프1에서 자고 난 이튿날 머리가 깨질 것 같은 상태에서 석유냄새를 맡고 아무것도 먹지 못했다. 누룽지만 조금 먹고 아낙신과 씨베리움 한 알씩 먹고 하산을 시작했다. 내려오는 도중 세상이 노랗게 변했다. 그 후론 약을 조심했다.

4월 11일 다시 캠프1에서 1박하고 이튿날 바로 캠프2로 올라갔다. 날씨가 급변해 내려오지 못하고 캠프2에서 이틀을 보냈다. 내 상태는 양호했고 운행조 파트너 유명희는 나보다 양호했다. 내려오기 싫었으나 명령에 따라야 했다. 부대장이 내 파트너만 유독 미워했다.

베이스캠프로 돌아와 점심을 다 먹기도 전에 내 파트너에게

화장실을 만들라고 성화를 부렸다. 고소증세 가운데 하나가 신경이 예민해지는 것임을 그때는 몰랐다. 부대장의 히스테리는 심해졌고 우리는 그녀의 말 한마디에 로봇처럼 움직여야 했다. 그녀는 말끝마다 "대장 아니면 아무도 정상에 못 간다"며 대원들을 꼼짝 못하게 했다. 우리는 14번까지 번호를 붙였는데 대장이 1번, 부대장이 2번, 나는 동기 셋 중 생일이 가장 빨라 5번이었다. 대장과 부대장 얘기를 할 때는 1번, 2번으로만 표현했다. 2번은 국내에서부터 '1번바라기'였다.

우리는 두 명씩 텐트생활을 했고 운행은 다른 대원과 짝을 지어 움직였다. 명희가 선배들로부터 고소 처방에 대한 조언을 듣고 온 덕분에 고소적응이 비교적 원활했다. 명희 덕분에 '잠자기 전 따뜻한 물 1리터'는 나의 히말라야 등반의 철칙이 됐다. 4월 20일 캠프3까지 진출해 1박 하고 내려온 것이 마지막 운행이었다.

5월 10일 대장을 비롯해 세 명이 정상에 섰지만 대장과 김순주 대원이 설맹에 걸려 귀환해야 했다. 8,000미터에 위치한 마지막캠프가 있는 사우스콜까지는 대원 모두 오를 기회를 준다고 약속했었는데 대장 본인이 설맹에 걸리면서 등반을 중지한 것이다. 마지막캠프까지는 갈 수 있다는 희망에 부대장의 히스테리를 견뎠는데 모든 것이 수포로 돌아갔다. 철밥통(공무원)까지 박차고 원정대에 참여했는데 정상시도는 고사하고 마지막캠프마저도 가볼 수 없다는 사실에 허탈해졌다. 구두약속도 약속인데 하루아침에 뒤집나 부글부글했다.

2번은 1번 외에는 모두 별 볼 일 없는 하찮은 존재로 치부하곤 했다. 그녀의 목소리는 날카롭게 변했고 모두 진저리를 쳤다. 절수하면서 불만이 폭발하고 말았다. 이후 한동안 우리는 1번과 2번을 보지 않았다. 국내에 돌아와 시간이 흐르며 2번은 변했다. 그녀는 잘못을 뉘우치고 대원들 개개인에게 사과하며 감정을 풀어나갔다.

1번은 1999년 안나푸르나로 등반을 떠날 때까지 우리와 말도 섞지 않았다. 그녀에 대한 소식은 언론을 통해 듣게 됐다. 그녀는 1999년 엄홍길 대장과 안나푸르나 정상에 섰지만 하산 도중 추락사 하면서 영영 우리와 화해하지 못했다.

그때 우리는 왜 이름 대신 번호를 붙였을까? 각자가 독립적인 존재가 아닌 "국내 첫 여성 에베레스트 등정자"를 배출하기 위한 부속품처럼 취급됐기 때문이었을까.

에베레스트 등반은 안정된 직장생활을 하며 취미로 등반을 하던 나를 죽음의 공포와 맞서야 하고 미래가 불확실한 고산 등반가의 길로 접어들게 한 계기가 됐다.

찬란함에 가려진 그늘, 가셔브룸 Ⅱ (8,035m)

둘이나 크레바스에 빠지는 사고에도
단결된 힘을 보여준 성공적인 등반이었다.
다만, 등반대장과 원정대장의 갈등과
나와 동기 사이의 갈등은
찬란함에 가려진 그늘이었다.

1997년 대학산악연맹은 8,000미터에 원정대를 보내기로 하고 대원을 선발했다. 공무원을 그만둔 데다 나이 서른이 넘어 시집도 못간 천덕꾸러기 처지에 마음은 굴뚝같았으나 선뜻 나설 수가 없었다. 여자후배들을 위해 나 같은 유경험자가 함께하면 좋다는 선배의 말에 힘을 얻어 지원했다.

등반을 위해 동네 뒷산 뛰어오르기 운동을 꾸준히 해온 덕분인지 맥박수가 50대로 떨어졌다. 눈을 뜨자마자 맥박부터 체크했다. 20분 정도 뛰다 다시 체크하면 134까지 올랐다. 10분 더 걷고 10분 쉬고 내려오곤 했다.

원정대원들은 산악문화회관에 모여 카라코룸 산군에 있는 가셔브룸Ⅰ(8,068m)과 가셔브룸Ⅱ(8,035m)에 오르기로 하고 원정대 이름은 '빛나는 산으로'로 정했다. '가셔브룸'은 티베트어로 '빛나는 벽'이란 뜻이다.

참가비는 직장인과 학생, 무직을 구분해 정했다. 11월 말 북한산 인수봉의 '고독의 길' 코스에서 주마링(어센더를 이용해 고정로프를 오르는 것)과 암벽등반을, 12월 중순에는 서울의 불암, 수락, 도봉, 북한산을 이어서 걷는 4대종주훈련을, 그리고 1997년 1월에는 히말라야와 기후 변화가 유사한 한라산에서 동계훈련을 했다.

한라산 동계훈련에서의 설동 만들던 일이 가장 기억에 남는다. 운행 일정을 잡으며 행정을 비롯해 식량과 장비, 회계, 학

술, 섭외, 수송 등등 분야별로 대원을 배정해 각자 역할이 주어졌다. 나는 촬영을 지원했다. 경희대 산악부 출신으로 히말라야 등반 경험이 있는 방송국 카메라 담당 후배인 박창수에게 기초기술을 익히며 최소한 영상편집이 가능한 장면을 찍는 데 방점을 두었다.

남대문시장에서 카메라 장비들을 비교하고 구입했다. 각자 개인 훈련일지를 작성했는데, 윗몸일으키기, 오래달리기, 수영, 턱걸이, 푸시업, 경사지 오르기, 기상 직후와 격렬한 운동 30초 후 맥박 등 기록할 항목이 많았다.

가장 열심히 한 대원이 등반에서 고소증세로 가장 고생한 것은 아이러니한 일이었다. 합숙훈련 들어가면서 부모님께 원정에 대해 말씀드렸다. 예상대로 엄마의 푸념이 나를 지치게 했다. 제대로 살고 있는 건지 하는 의문과 함께 사는 것이 버거워졌다. 포기하고 싶었고 편안한 삶을 택하고 싶어졌다. 왜 그러질 못하는 것인지 알 수 없었다.

먹고살기 위해 방문교사 일을 했다. 학생들 하교시간에 시작해 밤 9시가 넘어야 일이 끝나 새벽에 일어나 운동하기가 점점 더 어렵게 됐다. 직장과 원정대 일을 병행하다 보니 운동하는 날보다 못하는 날이 많아졌다. 암벽등반이나 주마링보다 종주하며 하중훈련 하는 것이 힘들었다. 힘들어 하면서도 산에 가는 일이 제일 신났다.

> 17[토] ~ 18[일] 유명산. [⋯] 아쉬움이 가득 남는 산이다. 자연휴양림이 어떤 것인지 조금 알게 된 나는 왜 산만 보면 가슴이 뛰고 흥분이 되는지 모르겠다. 어느 애인의 품이 이보다 포근하게 나를 매료시킬 수 있을까. 일요일 하중훈련은 초반에 너무 힘들어 주저앉고 싶은 걸 간신히 참아가며 올라갔다. 서서히 현기증이 나고 토할 것 같은 메슥거림. 이렇게 힘들어 본 적이 없었던 것 같다. 몸이 많이 약해졌나 보다. 걱정이 된다. (1997. 5. 19. 일기)

선발대가 일주일 먼저 출국하고 6월 22일 본대가 출국했다. 공항에 나와 보고 싶어하는 엄마를 만류하며 집에서 헤어질 때의 찡한 마음을 안고 비행기에 몸을 실었다. 파키스탄 수도 이슬라마바드에 도착하자마자 항공화물로 먼저 보냈던 짐부터 찾고 이튿날은 한국대사관 관계자들이 사주는 점심을 먹었다. 연맹팀이어서 그런지 신경을 많이 써주었다.

이번 원정에는 남자 동기 두 명과 여자 동기 한 명, 그리고 나까지 85학번 넷이 참가했다. 등반 기간 동안 먹을 김치를 담그는데 여자 동기 경이의 행동이 눈에 거슬렸다. 김장을 마무리하고 이튿날 생리 전이라 예민해져 있는 상태에서 경이와의 눈에 보이지 않는 껄끄러움이 폭발하고 말았다. 저녁식사 중 경이가 갑자기 내 이름을 거론하며 "그런 식으로 얘기하지 말랬지!" 하며 매섭게 몰아붙였다. 영문을 모른 채 후배들 앞에서 동기의 질책을 받아 창피하고 화가 났다.

알고 보니 동치미 때문이었다. 설사하는 여자후배 인경이가 동치미가 짜다며 인상을 쓰는 것을 보고 안쓰러운 마음에 "동치미 대신 김치를 먹으라"고 한 말에 속이 상했던 것이다. 김치는 내가 주도해 만들었고 동치미는 경이가 만들었다. 우리 둘은 남자 동기들 앞에서 보이지 말아야 할 모습을 보이고 말았다. 등반대장으로부터 과일 씻는 일로 한 차례 야단을 맞은 데다 동기와의 마찰까지 겹친 날이었다.

> 형의 부름 받고 갔다가 과일을 씻은 뒤 물기가 있는 채로 비닐에 담았다고 한참을 설교 듣고 왔는데 경이하고 또 말다툼. 너무 싫

다. 경이의 예민함에 두 손 두 발 다 들었다. 나 같으면 그런가 보다 하고 넘어갈 일도 경이는 꼬치꼬치 따지며 얘깃거리를 만든다. 피곤하다. 그래도 서로 좋아하는 마음이 깊어 대화로 잘 해결됐다.
(1997. 6. 15. 일기)

카라반 짐을 베이스캠프까지 수송해 줄 포터들을 고용하는 장면부터 동영상카메라에 담았다. 재미있었다. 카라반 시작하면 물 사정이 좋지 않고 연료가 부족해 목욕은 고사하고 세수도 하기 힘든 환경이었다. 수건에 따듯한 물을 적셔 몸을 닦는 것만으로도 행복감을 맛보았다. 빙하가 시작되기 전 마지막캠프지는 빠유다. 모든 원정대와 트레커가 이곳에서 이틀을 머문다. 외부인들은 3,400미터 고지인 이곳에서 하루 더 머물며 고소적응을 하고 현지인들로 구성된 포터들은 빙하지대에서 지내는 동안 먹을 식량을 준비한다. 주식은 '차파티'였다. 밀가루 반죽을 피자 도우처럼 펴 불에 구운 것인데 씹을수록 고소한 맛이 났다. 빙하지대에 들어서면 땔감을 구하기 어렵기 때문에 미리 만들어 가야 했다.

3,000미터를 넘으면서 고소증세가 나타나기 시작했다. 20명이나 되는 대규모 원정대에서 나의 위치와 역할에 고민이 많았다. 4년 전 대규모 여성원정대 경험이 있기는 했으나 이번에는 대학산악연맹 소속 남녀 혼성그룹으로 분위기가 그때와 완전 달랐다. 4년 전에는 팀의 부속품처럼 움직였다면 이번에는 스스로 찾아서 움직여야 했다.

사람 스트레스가 컸다. 동기 넷이 서로 배려하고 힘을 합하면 팀에서 중추를 담당할 수도 있었는데 둘씩 나누어져 왜 그리 껄끄럽게 지냈는지 이해하기 어려웠다. 원정대 내 사람에게서 받는 스트레스를 고국에서 응원해 주는 사람들에게 엽서 쓰는 일로 달랬다.

> 3,000미터 넘어서부터 머리가 약간 띵한 기분으로 걷는다. 쉬면 다시 괜찮아진다. 고소증세인가? 20명이나 되는 대규모 원정대에서의 내 위치는 중간. 어떻게 행동하고 무엇을 해야 옳(좋)은지 잘 모르겠다. 경이의 태도가 계속 껄끄럽다. 아마도 나를 경쟁상대로 생각하는지 아니면 무언가 자신이 처지지 않는다는 모습을 보이려 하는 거 같아 조금은 안돼 보이기도 한다. 오늘은 엽서를 좀 써야겠다.
> (1997. 6. 22. 일기)

결국 베이스캠프 도착 하루 전 콩코르디아(Concordia, 4,720m)에서 고스톱 치는 중 쌓였던 감정이 폭발했다. 동기 한왕용의 반칙을 본 것이다. 한왕용은 고산 경험이 많아 위세가 등등했다. 내가 반칙하지 말라고 하자 난데없이 "내려가라"며 고함을 질렀다. 감정이 통제되지 않았다. 고소는 그런 곳이다. 쌓였던 설움이 한꺼번에 밀려왔다. 눈이 퉁퉁 부어오르기 시작했고 고개를 푹 떨군 채 한쪽 구석에 처박혀 있어야 했다.

문제는 여기서 끝난 것이 아니었다. 가셔브룸IV 봉에서 코리안루트를 만들고 있는 유학재 선배가 응원차 우리 팀을 찾아왔다. 산악부 재학생 시절부터 알았고 인수봉에서 같이 등반한 적도 있었다. 너무 반가웠지만 얼굴도 못 들고 몸이 좋지 않다는 핑계로 자리를 피해야 했다. 동기 한왕용과는 베이스에 입성해 소주 석 잔으로 감정을 풀기는 했지만 그 석 잔의 위력으로 이튿날 새벽부터 어지러워 일어나지도 못하고 토하며 고생했다. 그와 친한 경이는 나의 베이스 입성 날짜를 떠보는 모양새가 왠지 나를 견제하는 느낌이 들었다.

새벽 4시 정도 정신이 들었지만 눈꺼풀이 끈적끈적한 어떤 액체에 의해 딱 달라붙어 있다. 눈을 뜨려고 해도 떠지지가 않는다. 하도 울어서 팅팅 부은 게 가라앉지 않은 모양이다. 어떻게 해야 하나. 남들에게 보일 수도 없고 하는 수 없이 선글라스을 이용. [···] 일부 BC에 들어간다는데 들어가기 싫다. 아무리 컨디션이 좋다고 해도··· 경이가 슬쩍 나를 떠본다. BC 갈거냐고. 싫다고 대답했다. 마음이 좋지 않다. 감기까지 걸려서 더욱 힘들어진다. 한숨 자고 오후가 되니 마음이 가라앉는 듯하다. 설쳐대는 사람 몇 명 없으니 조용하고 평화롭고 너무 좋다. 내일은 즐거운 마음으로 BC에 갈 수 있을 것 같다. (1997. 6. 25. 일기)

'셰르파(sherpa)'는 히말라야 등반 루트 안내자를 일컫는다. 처음엔 짐 수송 역할을 주로 하다가 그들의 기량이 뛰어나 이후 등반 안내와 보조자로서 도움을 주는 역할을 하게 됐다. '동쪽에서 온 사람'이라는 뜻의 셰르파족에서 유래했다.

우리 원정대는 셰르파가 없었다. 모든 일을 대원들이 해야 했다. 인원이 많아 조를 나누었는데 나는 B조에 속했고 비디오

촬영에 집중했다. 혼자 감당하기에는 한계가 있어 남자후배 유석재도 비디오카메라를 잡았다.

7월 4일에는 히말라야 14좌를 오르고 있는 엄홍길 대장이 베이스캠프에 들어왔다. 그는 우리가 구축해 놓은 캠프를 이용해 가셔브룸Ⅱ 정상에 섰다. 9일 나와 경이가 캠프2에서 야영하는 날이었다. 같은 날 가셔브룸I에서는 박영석 등반대장이 이끄는 우리 팀 박영석, 한왕용, 유석재가 정상에 섰다.

축제 분위기에서 세 명 모두의 무사귀환을 바라고 있는데 뜻밖의 교신을 받았다. 베이스캠프로 하산하는 도중 캠프1 아래지점에서 후배 김인경이 크레바스에 추락했다는 내용이었다. 같이 하산하던 대원 둘이 구조에 나서고 캠프2에 있던 우리 둘은 1시간 만에 캠프1으로 달려 내려왔다.

경이한테는 가셔브룸I 등정자 셋을 맞기 위해 캠프1에 남으라 하고 후배 양동일과 함께 외국팀 닥터를 위한 텐트, 침낭, 의약품을 챙겨 사고현장으로 달려갔다. 닥터는 다친 인경이를 이리저리 체크해 보면서 뼈가 부러지거나 신경계통에 이상이 있는 것 같지는 않다고 진단했다. 동일과 나는 밤새 다친 인경이를 위해 버너로 물을 끓여 텐트 안 온도와 습도를 적절하게 유지했다.

인경이는 이상돈 원정대장과 함께 헬기를 타고 이슬라마바드병원으로 옮겨졌다. 이 대장은 등반 내내 박영석 등반대장과 의견 충돌이 있었다. 박 대장은 계속해 이 대장을 못마땅하게 여기는 모습을 후배 대원들 앞에서 보였는데 그럴 때마다 나는 마음이 불편했다. 유명 산악인이라고 선배를 무시하는 태도는 잘못이라고 생각했다. 하지만 박 대장의 기세에 눌려 누구 하나 말하지 못했고 갈등은 커져만 갔다. 힘들어하던 이 대장은 헬기로 환자를 이송하던 날 보호자를 자청해 베이스캠프를 떠났다.

등반은 재개됐다. 1차 공격조는 7월 16일 악천후로 모두 돌아섰는데 서기석 선배만 정상에 서게 됐다. 2차 공격조는 이튿날 정상시도를 했다. 그날은 7월 17일 제헌절이었다. 나는 2차 공격조에 있었다. 등반대장 박영석과 박기성, 박경이, 나, 임인철, 배현기가 정상에 섰다. 나는 몸 상태가 좋지 않은데다 무거운 카메라까지 들고 도저히 정상까지 갈 수 없을 것 같았는데 후배 배현기의 도움으로 간신히 정상에 설 수 있었다. 그런데 배터리가 방전돼 정상 모습은 한 컷도 담을 수가 없었다. 온몸의 힘이 풀리고 허탈했다. "비디오 배터리를 품듯 애인을 품어라"는 말까지 들으며 배터리 관리에 신경썼는데 결정적인 순간에 고생이 물거품이 되고 말았다.

7/17[목] 꼴 지나 바람. C4[3:40] → 정상[9:45]
어제부터 몸이 좋지 않다. 비디오는 왜 이리 천근만근인지. 정상 별로 가고 싶지도 않다. 자꾸만 포기하고 싶어진다. 잠자리도 경사진 곳의 제일 아래쪽이어서 제대로 눈도 못 붙인 것 같다. 결국 비디오는 현기에게 맡겼다. 나는 도저히 들고 갈 수가 없었다. 내가 포기하든지 비디오를 포기하든지 둘 중 하나다. 다행히 현기가 들어준다고 해 겨우겨우 들고 갔는데 이게 웬일인가. 비디오 화면이 까맣다. 비디오가 말을 듣지 않는다. 낭패다. 갖은 고생을 다 해 들고 왔는데 한 컷도 담을 수 없다니. 속상해 죽겠고, 미안하고, 다리는 힘이 풀려 움직일 수도 없다. (1997. 7. 17. 일기)

등반을 마치고 하행 카라반 전날 새벽 뜬 눈으로 새다시피 했는데 부엌에서 일하는 소리가 들려 나가 보았다. 식당텐트에서 박 대장이 나오는 걸 보며 심란한 사람이 나만이 아닌가 보다 했다. 그와 얘기하다 보니 뜻하지 않게 원정기간 동안 가졌던 감정이 정리가 됐다. 새로 시작하듯 하루를 보냈다.

이튿날 시작될 하행 카라반을 위해 대원들 텐트부터 철수했다. 모두 식당텐트에서 자야 했다. 하행 카라반 루트는 처음 들어 온 아스콜리(Askole, 3,090m)가 아니라 후쉬(Hushe)로 가기로 했다. 콩코르디아 빙하로 가기 전에 왼쪽으로 빠져야 했는데 박 대장과 함께 앞서가던 경이가 볼일을 보러가기에 나는 먼저 간다 말하고 전진했다.

가다 보니 박 대장과 석재가 갈림길에서 기다리고 있었다. 그곳 갈림길은 아주 복잡해 모였다 가야 했다. 한참 후 모두 모였는데 볼일 보러 간 경이만 나타나지 않았다. 남자동기 허태한이 찾아 나섰고 그날 저녁 우리 팀이 머물게 될 알리캠프(Ali camp, 4955m)로 찾아오기로 하고 헤어졌다.

그날따라 많은 비가 내렸다. 저녁을 먹고 기다려도 둘은 나타나지 않았다. 걱정하다가 이치상 선배와 나, 석재와 동일이가 두 개조로 나누어 찾아 나섰다. 뜨거운 물과 랜턴을 들고 두 조가 방향을 달리해 가는데 이번에는 석재가 크레바스(crevasses)에 빠지고 말았다. 달려가 보니 빠진 흔적만 있고 사

람은 보이지 않았다. 시커먼 크레바스 속 아래로 15미터 이상 떨어진 거 같았다. 다행히 정신이 말짱해 로프와 아이젠(Eisen), 피켈(Pickel)을 내려 구조했다. 발목 뺀 것과 이마가 조금 까진 것 외에는 이상이 없었다. 제3, 제4의 사고가 날 우려가 있어

더 이상 찾아 나서지 않기로 했다. 두 개의 랜턴 불빛이 멀리 보였지만 많은 비가 오는 상황이었고 크레바스 위험 때문에 양쪽 모두 더 이상 움직이지 않기로 했다.

  이튿날 아침 둘은 무사히 합류했다. 두 명이나 크레바스에 빠지는 사고가 있었지만 대학산악연맹의 단결된 힘을 보여준 등반이었다. 다만, 등반대장과 원정대장의 갈등이나 나와 동기 사이의 갈등은 찬란함 뒤에 가려진 그늘이었다. 등반에 강자 약자가 있을 수 없다고 생각했다. 경험이 많다고, 힘이 세다고, 유명하다고 동료를 하대하는 것은 아니라고 생각했다. 약자를 넓은 아량으로 배려할 때 진정한 강자가 된다고 생각했다.

말없는 山,
브로드피크 (8,047m)

그의 마지막 미소가 자꾸 떠올라
잠을 이루기 어려웠다.
시간을 되돌릴 수 있다면…
같이 내려가며 돌봐줬더라면…
산은 말이 없고
시간은 무심히 흐르기만 했다.

1997년 가셔브룸 원정을 다녀오면서 파키스탄 카라코룸 (Karakorum)산군은 다시 가고 싶지 않았다. 카라반 코스가 길고 힘들어 "다시 오면 성을 갈겠다"고 할 만큼 질려버렸다. 그런데 박영석 선배로부터 1999년 여름 카라코룸 산군에 있는 브로드피크에 가자는 제안을 받았다. 박 대장과 엄홍길 대장은 14좌 등반에서 라이벌 관계였다.

등반 제안을 받고 이상하게 가보고 싶어졌다. 카라코룸 산군 전체가 그리워지더니 미치도록 보고 싶어졌다. 다시 산악구보를 시작했다. 1999년 5월 13일 인천공항으로 갔다. 그날은 '93여성에베레스트원정대' 대장 지현옥 선배의 유품이 들어오는 날이었다. 그녀는 1999년 4월 29일 안나푸르나 정상에 선 후 하산 도중 추락했다. 시신은 찾지 못했고 베이스에 남아있던 그녀의 짐만 카고백에 담겨 돌아왔다.

카고백을 보는 순간 눈물이 흘렀다. 생전에 따듯한 말 한마디 듣지 못했고 나 역시 마음이 가는 한마디 하지 못했었다. 빈소까지 가 마지막 가는 길에 막걸리 한 사발 마시며 선배에 대한 회고담을 들었다.

이튿날 《K2 죽음을 부르는 산》(1996)을 읽었다. 원정대장이 쓴 글이라 생생했다. 멋지다는 생각과 '나도 해보고 싶다'는 생각을 했다. 선배의 죽음으로 등반과 삶을 생각해 보게 됐고 곧 떠날 브로드피크 등반에도 신중해졌다.

5월 17일 지현옥 선배 추모제가 진행되는 동안 눈물이 멈추질 않았다. 내 분향 순서 때 "열심히 할 테니 잘 지켜봐 달라"고 빌었다. 환하게 웃고 있는 사진이 "알았다"고 대답하듯 들썩였다. 놀라 사진을 잡으려는 순간 거짓말처럼 멈췄다. 선배의 대답을 들은 것 같아 홀가분해졌다. 장지에서는 한 방울 물이 팔 위에 똑 떨어졌다. 언니의 눈물이라는 생각이 들었다.

일어나기 싫었지만 브로드피크 등반을 위한 준비운동을 위해 집을 나섰다. 산 입구에서부터 달리기 시작했다. 숨이 차면 멈추고 오르막길은 걸었다. 1, 2, 3헬기장을 지나 능선 길로 접어들어 평지가 나오면 다시 뛰었다. 정상까지 달리다 보면 심장이 터질 것 같은 통증과 어지럼증에 허리를 구부리고 숨을 골라야 했다. 등줄기에 땀이 송골송골 맺혔다. 내일은 오늘보다 덜 힘들 거라 생각하고 내려오곤 했다. 원정 준비를 하며 사람들과의 사이가 어색해졌다. 혼자 겉도는 거 같아 쓸쓸했다.

5/29[토] 맑음. 아침운동. 산업대에서 대학산악연맹 체육대회. 3시 30분쯤 도착. […] 사진 찍는 연습을 하러 왔는데 모델이 없다. 다시 주마경기장까지 찾아갔더니 막 게임이 끝났다. 하는 수 없이 다시 노천극장으로 와서 자일사리기게임 및 OX게임 하는 장면 많이 찍음. 동기들과 19기 후배들과 같이 있지만 왜 그렇게 스산한지 나만 따로 혼자 앉아있는 기분이다. 더 이상 앉아 있을 수가 없어 우리 팀으로 온다. 그래도 우리 팀이 훨 낫다. 여자동기도 많

이 모였으면 좋겠다. 유난히 쓸쓸한 날이었다. (1999. 5. 29. 일기)

브로드피크 등반은 연세대 산악부와 합동등반으로 진행됐다. 경비 절감을 위해서였다. 6월 2일 첫 미팅을 했다. 연세대 팀 임공택 대장을 비롯해 대원들 모두 좋아 보였다. 나는 장비를 맡았는데 배울 게 많았다. 회사를 그만둔 상태여서 등반 마치고 무슨 일을 할지 고민이 많았다. 생활고를 덜자니 등반에 미련이 남아 막막했다. 원정에 집중해야 했다. 가장 부담스러운 것은 등반비용이었다.

아침 먹고 등반 준비해 고독의 길로 가는데 땀이 비 오듯 쏟아진다. 어제 술 때문에 그런 건지, 체력이 약해진 것인지 구분이 안 된다. 주마도 오래간만에 잡아보니 좀 어색하고 생각처럼 쉽지 않다. 힘들고 귀찮고 지겨운 주마연습. […] 이번 등반 잘 할 수 있을까? 무엇을 해야 하나. 어떻게 해야 하나. 다녀와서는 어디서 일을 해야 하나. 생각할수록 머릿속이 복잡해진다. 등반비가 걱정이다. 빨리 어떻게 마련해 봐야겠는데… (6. 5 ~ 6. 인수봉 훈련등반, 일기)

한잔 나누는 자리에서도 누구 하나 내 얘기에 귀 기울여주지 않았다. 그럴 때면 《8,000미터 위와 아래》를 쓴 헤르만 불이 그리웠다. 1953년 낭가파르바트(8,125m)를 단독으로 오르고 하산 중 비바크까지 하며 41시간의 사투 끝에 돌아온 불멸의

사나이다. 그랬던 그가 1957년 브로드피크(8,047m) 등정 후 초고리사까지 오르고서 하산 도중 무너지는 눈 처마에 추락사하고 말았다. 브로드피크 등반을 앞두고 죽음의 공포로부터 자유로울 수 없는 나는 그에게 더욱 연민을 느꼈다.

그는 "산은 내 삶의 법칙"이라고 했다. 자연의 법칙에 따르며 살고자 했던 나의 생각과 일맥상통했다. 출발 날짜가 지연되면서 하루하루 한량처럼 지내는 게 힘들었다. 저녁에는 술자리가 태반인 상황에서 내가 무엇을 하고 있는지 모르겠고 남은 시간을 더 알차게 보내고 싶었지만 어찌해야 좋을지 몰랐다. 6월 26일 비행기에 몸을 실었다.

> 드디어 떠나는 날이다. 공항에 나와 보고 싶어하시는 엄마의 마음을 너무도 잘 알고 있으면서도 굳이 나오지 말라고 말린다. 마음이 미어지는 것 같다는 것이 어떤 느낌인지 알겠다. 택시 타는 곳까지 바래다주시는 엄마를 뒤로 한 채 동국대를 향해 달린다. 말 못 할 아픔이 물밀 듯 밀려오고 코끝이 아리고 눈시울이 뜨거워진다. 애써 마음을 달래고 집의 일은 잊어버리려 이를 악문다. 여동생 부부와 동기가 나와서 여비까지 보태준다. 고맙다. 나를 이렇게 생각해주는 사랑이 있다는 사실이 참 기쁘다. (1999. 6. 26. 일기)

이슬라마바드에 도착해 행정절차를 마치는 동안 종일 먹고 자며 사육되는 기분이었다. '동양카드놀이'로 무료함을 달래기도 했다. 정부연락관이 도착하고 이슬라마바드를 떠나 스카르두로 향했다. 스카르두는 고지대에 있는 마을이라 선선하고 쾌적했다. 2년 전 묵었던 K-2모텔에서 지냈다. 스카르두에서부터는 연세대팀 여자후배 수연, 옥석과 한 방에서 지냈다. 신선한 야채를 비롯한 식재료를 보충한 후 이튿날 카라반 시작 지점인 아스콜리에 도착해 백숙으로 파티를 했다.

남자후배들은 역할 분담이 명확했다. 전기, 배터리 분야에 통달해 있는 강성규, 노트북을 장난감처럼 다루며 행정을 비롯해 팀을 지휘하는 김형우, 시키는 일에 동분서주하며 묵묵히 맡은 임무를 완수하는 함동호. 이렇게 알아서들 잘해 나의 역할이 모호했다. 집중할 일이 없으니 무기력해졌다.

> 7/5[월] 맑음. 졸라브릿지 → 빠유
> 4:30. 왜 그러는지 계속 긴장한 상태. 오늘 하루 또 다른 무기력감이 생길까 걱정이다. 늘 마음이 편치 않다. 뭐다 논 보릿자루 마냥. 특별히 잘하는 것이 없어 몰두할 일이 없다. 잘 짜인 동국대팀 속에 객처럼 들러붙어 있는 나 자신밖에 볼 수가 없다. 앞으로 생활을 어떻게 꾸려 나갈지 착잡하다. (1999. 7. 5. 일기)

저녁에 모여 보는 이메일이 유일한 위로였다. 학교후배들이 내 걱정을 많이 하고 있음을 읽으며 코끝이 시큰해졌다. 그 순간 그 동안의 시름을 모두 잊을 수 있었다. 태어나 처음 닭볶음

탕도 만들어 보았다. 질긴데도 모두 잘 먹어 주었다.

<SBS> 다큐 담당 한성수 차장이 비디오촬영 교육을 해주어 집중할 일이 생겼다. 카라반이 시작되는 마을 아스콜리를 출발할 때 140명이던 포터는 131명으로 줄었다. 감기몸살로 힘들 때는 생강차를 달고 살았다. 일찍 잠자리에 들어 10시간 정도 자고 나면 몸이 가뿐해졌다. 지겨운 카라반이 끝나면 신나는 등반이 시작된다는 기대감을 안고 베이스캠프에 도착했다. 바로 아래서 브로드피크를 바라보니 매우 가파르고 바짝 서 보였다. 등반 의욕이 줄었다. 타월목욕 후 산뜻한 기분으로 등반 준비를 했다.

박 대장은 팀을 1진과 2진으로 나누었다. 나는 2진에 속했다. 무기력하고 발걸음을 떼기가 힘들었다. 루트는 험하고 길게 느껴졌다. 그 상태로 정상은 어림도 없었다. 큰 욕심은 없었지만 몸이 따라주지 않아 속상했다. 손이 떨리고 기침할 때마다 배근육이 아파 내장이 튀어나올 것만 같았다.

엎친 데 덮친 격으로 후배가 던진 돌에 맞아 손가락에서 피가 났고, 위 캠프로 짐을 옮기다 머리 반쪽만 한 낙석에 오른팔을 맞아 한동안 말도 못 할 정도로 고통스러워 눈물만 흘리기도 했다. 약한 모습 보이기 싫어 말도 못 하고 밤새 기침하며 제대로 못 잔 날도 있었다.

캠프2까지 짐 수송하고 이튿날 캠프3까지 마저 짐 수송하고 하산하기로 했다. 캠프2에서 바로 내려가고 싶었지만 몸이 좋지 않다고 내 일을 하지 않을 수는 없었다. 나보다 고소적응이 안 되는 연세대팀 후배 창길이는 바로 내려 보냈다. 고행 끝에 다른 팀들이 만들어놓은 캠프3 자리가 보였다. 앞서가는 우리 팀 이치상 선배와 승관이가 저 멀리 설원지대를 가로질러 오르는 모습이 눈에 들어왔다. 죽어도 그곳까지 갈 엄두가 나지 않아 짐을 눈 속에 파묻고 하산했다. 속으로 선배 형을 욕하며 눈물을 펑펑 흘리면서 발길을 돌렸다. 그것밖에 안 되는 내가 원망스럽고 한심하게 느껴졌다.

한참을 울며 다른 팀 캠프3 자리에서 물 마시며 간식을 챙겨 먹고 다시 내려가기 시작했다. 고정로프 없는 설원지대를 한 발 한 발 내려가는데 한 발만 삐끗해도 천길 낭떠러지로 떨어져 세상 하직하게 되는 구간에서 '한번 그렇게 해봤으면' 하는 기분이 들 정도로 힘이 들었다. 그러면 영영 끝 아닌가? 정신 차리고 다리에 힘을 주고 있는 힘껏 내려왔다.

캠프1부터는 연세대팀 홍종현과 합류해 베이스캠프까지 동행했다. 4일 전 올라갈 때보다 눈이 많이 녹아 점점 등반하기 힘들어질 것 같았다.

베이스캠프 귀환 후 다들 반겨줘 황송했다. 여전히 기침이 멈추지 않고 오한까지 났다. 박영석 대장이 걱정하며 자기 감기약 이틀분을 챙겨주었다. 고마웠다. 약 먹고 낫기를 부처님께 빌었다.

"부처님 도와주세요. 그 동안 잘못한 일 많으리라 봅니다. 용서해 주시고 제발 도와주세요. 최선을 다하고 싶습니다." [···] 내일은 BC에 전체가 모이는 날이다. 오랜만에 북적북적하겠군. "감기몸살님! 이제 제 몸에서 나가주세요. ···please···" (1999. 7. 16. 일기)

동국대팀 박 대장을 중심으로 한 우리 팀과 연세대팀, 그리고 트레킹팀까지 모이니 21명이었다. 트레킹팀 7명이 내려가기 전날 저녁 별자리공부도 했다. 트레킹팀 수연, 옥석과 셋이서 쓰던 텐트에 혼자만 남으니 휑했다. 텐트 청소를 하고 머리 감고 세수하고 발 닦고 점심을 먹었다.

박 대장은 정상시도를 하기 전 조편성을 했다. 나는 여전히 2조였다. 운행을 앞두고 혼자만의 시간을 갖고 싶어 텐트로 왔다. 무심히 주머니에 손을 넣었는데 쪽지가 나왔다. 아침에 후배 인혁이가 떠나기 전 주고 간 것이었다.

오늘은 음악도 듣고 조용히 있고 싶어 텐트로 왔다. ··· 문득 주머니에 손을 넣으니 쪽지가 있다. 아! 아침에 인혁이가 떠나기 전 주고 간 것이다. [···] 별자리공부 하던 날 밤이 떠오른다. 새로 알게 된 주전자, 전갈, 왕관자리 외에도 많았는데 나머지는 모르겠다. 이렇게 밤하늘의 별만 세며 살 수는 없는 것일까? 별을 보면 지금도 가슴이 떨려온다. 그 초롱초롱하고 예쁜 빛. 만질 수 없고 가까이

하려 해도 할 수 없는 별들⋯ 글재주가 없는 나는 이렇게 쪽지나
편지를 받으면 말 못하게 기쁘고 설레고 고맙다. (1999. 7. 20. 일기)

To 은선언니(경희대 산악부에서는 모든 부원을 언니라 부름. 듣다 보면
익숙해짐)
어⋯!
비 오네. 급하게 몇 자 적어요.
그 기막히던 하늘이 왜 또 심통이 나셨는지 나 참⋯
감기는 많이 괜찮아지신 것 같군요.
서울에서도 은하수 보면서 살 수 있으면 얼마나 좋을까요.
높은 곳의 신선한 공기하고 가슴 시리게 많은 별
마니마니 가슴에 담고 오세요.
서울 오시면 맛있는 거 사드리지요.
1999. 7. 19. PM 4:05
편지 읽는 사람보다 요리 훨씬 잘하는 경희대 94 尹麟妠

　베이스캠프에서 따분할 때는 음악 틀어놓고 책을 읽었다.
인천공항에서 떠나오던 날 여동생이 준 이해인 수녀님의 《사
랑할 땐 별이 되고》를 읽으며 위안을 얻었다. 조카들의 사진을
보면 눈물겹게 보고 싶어졌다. 막심 벤게로프의 바이올린 연주
곡은 고음에서 전율이 좋았다. 복잡한 감정을 대변하는 것 같
았다. 하루는 베이스캠프에 모인 많은 외국팀 중 유럽 연합팀
에서 여는 파티에 갔다. 외국 등반가들 틈에 섞여 춤추고 놀며
왜 그러는지 스스로 의아했다. 날씨 때문에 6일째 베이스캠프

에 묶여 있었다. 자연의 위대함에 맥도 못 추고 있었다. 박 대장의 작전 변경으로 동국대와 연세대팀 전원이 한꺼번에 진출해 하루 차로 정상시도를 하기로 했다. 바람 방향이 바뀌고 날이 개기 시작했다.

하루 더 베이스에 머물며 눈이 크러스트 되기를 기다려 등반 준비를 했다. 장비 말리고 개인 짐 챙기면서 설레고 기분이 좋아졌다. 그러나 날씨가 변덕을 부리는 바람에 등반일이 미뤄져 다시 무료해졌다. 무료함을 달래기 위해 K2메모리얼에 들렀다. 알리슨 하그리브스의 동판을 보았다. 동판 위에는 그녀의 아들과 딸 사진이 있었다. 1995년 에베레스트를 무산소로 단독 등반한 여성으로 같은 해 K2 등정 후 하산 중 강풍에 휩쓸려 사라지고 말았다.

K2메모리얼에는 수많은 동판이 있었다. 브로드피크 등반 중 사고를 당한 우리나라 어느 대학팀의 동판도 있었다. 안타까운 마음으로 주위를 둘러보는데 갑자기 잔잔한 꽃들 위로 나비 한 마리가 날아갔다. 좋은 징조 같았다. 5,000미터가 넘는 곳에 꽃피고 나비가 날아다닌다는 게 경이로웠다. 영령들께 묵념하고 담뱃불 한 대 붙여드리고 내려왔다.

내려오는 동안 이상하리만큼 상쾌했다. 7월 27일 정상시도를 위한 등반이 시작됐다. 29일 A조가 캠프3로 진출하고 내가 속한 B조는 캠프2에 머물게 된 날이었다. 캠프3에 오르던 A

조 허승관 대원 상태가 좋지 않아 캠프2로 하산했다. 마침 같은 날 캠프2로 올라온 B조 후배 현창길도 상태가 좋지 않아 둘은 캠프1으로 내려 보냈다. 나는 미숫가루를 타주며 잘 내려가라고 했다. 저녁 7시 설원지대를 지났다는 무전을 받고 나서야 안심하고 잠자리에 들었다.

이튿날 아침 승관이 캠프1에 도착하지 않았다는 무전이 왔다. 박 대장은 등반 포기를 선언하고 철수하며 수색작업에 들어갔다. 내가 제일 먼저 내려오면서 빨간 윗도리와 까만 바지를 보았다. 승관이 같아 울면서 이름을 불러 보지만 대답이 없었다. 가까이 가려 해도 장비가 없어 접근할 수 없었다.

날씨까지 돌변해 수색작업은 이튿날로 미뤄졌다. 이튿날 뒤에 내려오던 대원들이 가까이 가보니 승관이의 빨간 파카만 있고 사람은 찾지 못했다고 한다. 허탈했다. 첫인상은 조금 터프하면서 깔끔했다. 미숫가루를 마시며 짓던 미소는 나에게 남긴 마지막 모습이었다.

베이스로 돌아왔는데 혼자 자는 게 무서워 침낭을 들고 식당 텐트로 갔다. 이미 승관이와 한 텐트를 사용하던 연세대팀 임 대장이 있었다. 우리는 식탁을 가운데 두고 누웠다. 자꾸 승관이의 마지막 미소가 떠올라 잠을 이루기 어려웠다. 시간을 되돌릴 수 있다면. 둘만 보내지 않고 나든 누구든 같이 내려가며 돌봐줬더라면. 산은 말이 없고 시간은 무심히 흐르기만 했다.

다시 자연을 배운,
마칼루(8,463m)

히말라야에 입문한 지 얼마 안 된 나는
브로드피크와 마칼루 등반에서 죽음과 마주했다.
자연이 얼마나 냉혹한지 배웠다.
산이 허락하지 않으면 아무리 체력이 좋아도
결코 자연과 맞서지 않게 됐다.

여름 시즌 브로드피크 등반 중 행정담당 형우로부터 마칼루 등반을 같이하자는 제안을 받았을 때는 선뜻 대답하지 못했다. 그런데 어느새 마칼루 등반대원이 돼 네팔로 날아와 카트만두에 있는 마당 넓은 롯지에서 등반용 짐을 정리하고 있었다.

14좌에 도전하는 박영석 대장과 수년간 호흡을 맞춰 손발이 잘 맞는 대원들 덕분에 카트만두 도착 후 이틀 만에 출발했다. 짐을 싣고 9월 6일 저녁 8시 40분 출발한 버스는 밤새 달려 이튿날 정오 힐레(Hile)에 도착했다. 이곳에서 포터들에게 짐을 나누어주었다. 짐에 지고 가는 포터 이름까지 표시해 분실 위험을 차단했다. 후덥지근한 날씨 때문에 불쾌지수가 높았다.

첫날 힐레에서 망마야(Mangmaya)를 거쳐 이튿날 망마야에서 수르티바(Surtibar)까지는 평지였다. 3일째 수르티바에서 툼링타르(Thumlingtar)로 가는 날부터 오르막이 시작됐다. 4일째 툼링타르에서 마네방양(Manebangyang)에 오를 때는 날이 푹푹 쪘다. 치칠라(Chichila)에서 첫 야영을 했다. 야영지는 좋은데 주가(거머리)를 보는 순간 소름이 끼쳤다. 진저리나게 많은 주가를 피해 달음박질쳤다. 열심히 뛰어 보아도 어느새 주가가 신발을 타고 올라오고 있었다. 징글징글했다. 정신없이 가다 보니 목적지였다.

깨끗한 롯지에서 샤워까지 하고 기분 좋은데 '월손님'이 왔다. 닷새나 당겨진 것이었다. 한 번도 카라반 중에 피해가 본

적이 없었다. 여자 혼자 원정대에서 활동하면 불편한 게 참 많다. 그중 하나가 잠자리였다. 남자들은 커다란 다이닝텐트에서 함께 지내는데 나는 별도 텐트를 쳐야 했다. 비가 온 뒤 텐트 자리가 질퍽한데 매트리스마저 베이스짐에 넣어 비좁은 개인 텐트 안에서 지내야 할 때는 서러움이 밀려왔다. 여길 왜 왔는지 싶고 다음에 가기로 한 에베레스트 등반 땐 어떻게 해야 할지 막막했다. 후배와 부딪히는 것 때문에 등반을 포기해야 하나 고민하기도 했다.

고민과는 상관없이 무심한 자연은 아름답기만 했다. 4,000미터 위 그림 같은 호수가 주변 경관과 어우러져 감탄을 자아내게 했다. 뭄북(Mumbuk)으로 가는 길에 잠시 오르막이다가 하염없이 내려가는 길을 만났다. 한참을 내려가는데 오른쪽 무릎에 이상이 오면서 다리에 힘이 들어가질 않았다. 뻗정다리로 간신히 내려왔다.

이날 동반한 이광훈 피디가 퍼져버렸다. 나의 오른쪽 무릎은 이때부터 이상 신호를 보냈다. 뭄북에서 오전 8시 출발해 14시 30분 자카르카(Jakarka)에 도착했다. 자카르카로 가는 동안 양쪽 절벽 폭포수가 인상적이었다. 빙하 물을 따라가는데 시원한 정도를 넘어 강렬한 태양도 맥을 못 출 만큼 추웠다. 5,000미터를 넘어가니 숨이 가쁘고 골이 띵했다.

고소적응 정도에 따라 시차를 두고 이틀에 걸쳐 모두 베이스캠프에 모였다. 키친과 다이닝, 본부텐트 위치부터 정하고 대원들 텐트 자리도 정했다. 한 달간의 쾌적한 생활을 위해 바닥을 열심히 골라야 했다. 9월 24일 추석과 라마제 지내는 날이 겹쳤다. 오전에 라마제를, 오후에 차례를 지냈다. 저녁에는 맥주 한 캔도 마셨다. 등반 시작하고 가장 기분 좋은 날이었다.

박 대장은 다른 산에서 등반 중이었다. 등반을 마치면 곧바로 우리와 합류할 예정이었다. 대장 없이 우리끼리 루트작업을 하고 있었다. 브로드피크 등반 때와 달리 이번에는 고소적응이 잘 됐다. 저녁 먹으면서부터 87학번 후배 형우와 강철언이 이야기를 이끌어갔다. 주로 여자에 관한 것이었다. 그럴 땐 맥주 한 캔과 소주 한 팩으로 잠재우면 됐다. 둘 다 술이 약했다. 동기들이 보고 싶어졌다. 나에 관한 생각도 많아졌다.

> 오늘은 여러 가지로 기분 좋은 날이다. 고소순응. 감자전. 맥주 1캔. 소주 1팩. 괜스레 동기들이 보고 싶어진다. 내가 지금껏 무엇을 위해 살아왔는지 의문이 생긴다. 정말 나는 무엇을 위해 살았을까? 지금은 무엇을 하고 있는 것일까? 지금까지 무엇을 해 놓았는가? 정말이지 바보처럼 산 것은 아닐까? 내 마음의 이 동요는 무엇일까? 사랑. 생각만 해도 어색하고 쑥스럽고 창피해지는 단어다. 나는 왜 이럴까? 뭔가 문제가 있다. 생각하기 싫다. 아예 그런 거 모르고 살았으면 좋겠다. 영화 속 주인공은 영화 속에서만 가능한 걸로 알고 살자. (1999. 9. 25. 일기)

9월 30일부터 10월 2일까지 월간 <산> 한필석 기자가 다녀가고 박 대장은 등반 마치고 함께한 이치상 선배, 강성규와 세르파 세라브 장부를 데리고 합류했다. 10월 11일 루트작업 하던 셰르파 상게가 추락해 사망하는 사고가 일어났다. 상게가 숨을 쉬지 않는다며 무전기 속에서 울부짖던 성규의 목소리가 귀에 쟁쟁했다. 나도 울었다. 이튿날 시신을 내리려 했지만 셰르파텐트 두 동이 날아갈 정도로 바람이 세 옴짝달싹할 수 없었다.

10월 18일 양래마을로 내려가 시신을 화장하고 베이스캠프로 돌아왔다. 가벼운 차림으로 내려갔는데 열흘 동안 눈이 너무 많이 내려 예정보다 베이스캠프 도착일이 이틀이나 늦어졌다. 베이스캠프가 무사하기만 바라며 돌아왔지만 다이닝과 식당, 그리고 내 텐트 3동만 빼고 모두 무너져 있었다. 무엇보다 위에 구축해 놓은 캠프가 걱정이었다.

다시 올라가 캠프1 아래 짐 보관해 놓은 곳은 모두 복구했다. 나와 세라브 장부가 힘겹게 캠프1으로 가보았는데 눈사태에 모두 쓸려가 버리고 아무것도 남아 있지 않았다. 철수해야 했다. 그날 밤 한잔 술로 허탈함을 달랬다.

3년 전인 1996년 봄, 에베레스트에서 역사적인 대참사가 일어났다. 히말라야 경력이 많은 등반가 로브 홀이 이끄는 상업 대팀에서 14명이 사망했다. 함께한 기자 존 크라카우어가 쓴

《희박한 공기 속으로》에는 사고경위가 자세히 묘사돼 있다. 결정적 사고 요인은 "에베레스트 등반 시 오후 2시가 되면 어느 위치에 있든 무조건 돌아서야 한다"는 철칙을 리더였던 로브 홀이 어긴 것이었다.

우리도 그랬다. 사고 당일 캠프1에 있던 나와 이치상 선배가 베이스캠프에 있던 박 대장에게 "바람이 심하게 불어 등반하기 어렵다"고 말했는데도 "무조건 강행하라"고 다그치는 바람에 루트작업을 하던 중 발생한 사고였다. 막무가내로 몰아붙이던 박 대장의 기세에 눌려 우리는 움직일 수밖에 없었다. 14좌 완등을 엄 대장보다 먼저 마치려는 박대장의 조급증 때문이었다는 생각이 들었지만 입 밖으로 뱉지는 못했다.

히말라야에 입문한 지 얼마 안 된 나는 브로드피크와 마칼루 등반에서 매번 사고로 인한 죽음과 마주했다. 자연이 얼마나 냉혹한지 배웠다. 산이 허락하지 않으면 아무리 체력이 좋아도 자연과 맞서지 않게 됐다.

들러리의 한계를 깨닫다, K2(8,611m)

K2 등반에서 신체적, 정신적으로
급격한 변화가 오는 것을 경험했다.
하산 중 죽을 고비를 넘기고
8,000미터는 무리라는 생각이 들었다.
원정대 들러리가 아닌
내가 오르고 싶은 산을 정하고,
주도적으로 준비해 오르고 싶어졌다.
7대륙 최고봉으로 시선을 돌렸다.

1999년 두 번의 원정에서 두 번의 죽음을 맞닥뜨렸다. 한 번은 대원이, 다른 한 번은 셰르파가 추락사 하는 경험이었다. 그럼에도 나는 에베레스트, 남극, 북극에 도전하는 꿈을 가졌다. 남성 중심 원정대에 장식품처럼 붙어 다니는 것 말고 자력으로 비용을 마련해 내 의지로 등반하고 싶었다.

2000년 2월 26일 평촌에서 스파게티 카페를 시작했다. 남동생 도움으로 근동에서 제일 예쁜 카페를 오픈했다. 인프라가 갖춰지지 않은 신흥지역이라 장사는 잘 되지 않았다. 내가 만든 크림스파게티가 맛있다는 칭찬을 들을 때면 가슴 벅찬 즐거움도 느꼈지만 1년을 버티지 못했다.

> 나는 왜 이 장사를 시작했을까? 무엇 때문에… 에베레스트, 남극, 북극. "하느님 제발 제 가게에 손님들이 왕왕 오셔서 저 돈 많이 벌어서 에베레스트, 남극, 북극 갈 수 있도록 도와주세요. 제 꿈이 너무 허황된 건가요. 제 노력이 부족하나요. 도와주세요." 홈페이지 작업 착수하자. […] 자! 내일부터 다시 시작이다. 처음부터 다시 시작하는 거야! (2000. 4. 30. 일기)

하루 몇 테이블. 나는 점점 지쳐가고 있었다. 포기하고 싶은 마음이 들었고 손님 기다리다 말라죽을 것만 같았을 때 박영석 대장으로부터 K2(8,611m) 등반 제의를 받았다. 부모님께 말씀드릴 엄두가 나질 않았다. 30대 중반이 돼 시집은 안 가고 산에 미쳐 '철밥통' 공무원까지 그만둔 상태였다.

그 후로 직장을 계속 옮기며 산에만 다녔고 큰돈 벌 것처럼 장사를 시작했지만 그마저 실패해 면목이 없었다. 여동생에게 먼저 털어놓았다. 동생은 적극 지지해 주었다. 용기를 내 어렵게 부모님께 말씀을 드렸는데 너무 쉽게 허락해 주셔서 당황할 정도였다.

가족 모두 장사 그만두고 산에 가 쉬고 오라며 지지해 주었다. 소득 없이 고생만 하던 나를 말리고 싶었는데 스스로 접겠다고 하니 반가웠던 것이다. 부모님이나 여동생은 히말라야 8,000미터대에서 내가 어떻게 오르는지 잘 모르던 시기였다.

2001년 K2 원정에서 나는 동국대팀 대원 명단에 올렸다. K2는 박 대장의 14좌 마지막 도전 봉이었으며 동국대에서 지원금을 받게 됐는데 내가 등반팀에 무임승차 하려면 동국대팀 명단에 올려야 했다. 출발일 아침 동국대 총장까지 만나게 되니 찜찜한 기분이 들었지만 깊이 생각하지 않았다. 인천공항에 도착하니 엄마와 여동생을 비롯해 가족들이 나와 있었다. 떠날 때 엄마 얼굴을 보면 슬펐다.

　6월 1일 인천을 출발해 방콕을 경유, 이튿날 새벽 이슬라마바드에 도착했다. 후덥지근한 날씨와 특유의 냄새가 나를 반겼다. 1997년과 1999년에 왔을 때나 별반 다를 것이 없어 보였다. 한국인이 운영하는 게스트하우스는 작지만 깔끔했다. 장시간 비행에 지친 몸부터 씻은 후 아침식사를 하고 개인시간에 만화책을 잡았다.

　도착한 날부터 이틀 동안 등반에 필요한 식량과 장비를 구입하고 패킹(Packing)했다. 네팔 왕의 큰아들이 왕과 일가족 여덟 명을 쏴 죽이고 자살한 사건이 일어나 네팔에서 와야 하는 화물이 늦어지고 있었다. 예정에 없던 기다림은 늘 지루했다.

　6월 6일 아침 1시간 정도 달리기를 하니 한결 기분이 좋았다. 12일 본대가 스카르두로 떠나는 날, 나는 급성위염에 걸렸다. 점심 먹기 전부터 속이 이상했고 설사까지 하더니 점심식사 이후에는 식은땀이 나면서 설사가 심해졌다.

　정로환을 먹어봤지만 1시간 후부터는 오히려 위가 뒤틀리며 설사에 구토까지 했다. 결국 탈수로 응급실에 실려 갔다. 왼팔에 링거 세 대를 꽂고 오른팔에 주사 한 대를 맞고 나서야 조금 호전됐다. 나 때문에 구자준 원정대장과 박영석 등반대장, 행정담당 김형우 후배는 이튿날 나와 함께 출발했다.

　이슬라마바드에서 스카르두까지 26시간의 버스 이동은 힘들었다. 그나마 지난번보다 두 시간이나 당겨진 것이었다. 도착하자마자 감기는 눈을 부릅뜨며 김치부터 담갔다. 난생 처음 해보는 것이었지만 팀에 봉사하는 마음으로 최선을 다했다. 미심쩍어하는 시선이 느껴졌지만 베이스캠프 가는 동안 잘 익기만 빌었다. 저녁에는 이튿날부터 시작되는 카라반을 대비해 작전회의를 했다. 회의 때마다 뭐 하러 왔나 싶을 만큼 소외되는 느낌을 받았다. 그럴 때마다 반성하고 나에게서 문제점을 찾으려 노력했다.

6/16[금] 스카르두[6:20] ⟶ 아스콜리[14:20]
내일부터 카라반 시작이다. 저녁식사 후 작전회의. 여전히 소외된 느낌. 뭐 하러 왔나 싶다. 매번 느끼면서도 왜 나는 번번이 형을 따라오게 되는지 모르겠다. 후회는 아무리 빨라도 늦다고 했던가. 그렇담 계속 후회만 하고 있을 것인가. 그러지 말자. 내가 도움이 될 만한 일을 찾아서 하자. 그래 등반에만 집중하자. 쓸데없는 감정싸움에 에너지만 소비하지 말고 등반에만 집중하자. "너에게 있는 문제점이 무엇인지 잘 점검해 봐 은선아!", "분명 뭔가 있을 거야." "잘 반성해 봐." 오늘은 잘 자고 내일 남보다 일찍 일어나 준비하자. (2001. 6. 16. 일기)

8일간의 카라반 끝에 24일 전원 베이스캠프에 입성했다. 베이스캠프를 구축한 후 라마제를 지내고, ABC(전진캠프)를 구축한 이튿날 구자준 원정대장과 허영만 화백, 마 선배, 수원대 산악부 여자후배 박시연이 하산했다. 더 있고 싶어하던 시연이의 모습을 보며 마음이 편치 않았다. 잘해준 것도 도움을 준 것도 없이 결정에 따라야 하는 처지가 서글펐다. 그럴수록 등반에 집중하는 것만이 최선이었다.

캠프로 짐을 올리는 일은 여전히 힘들었다. ABC까지 20킬로그램을 지고 캠프1까지는 17킬로그램 정도 짊어져야 했다. 일을 마치고 베이스캠프로 돌아갈 때는 이튿날 같은 길을 또 짐을 지고 올라갈 일이 죽기보다 싫었다. 함께하는 대원들이 착하고 서로 위할 줄 알았기에 견딜 수 있었다.

K2(8,611m)는 베이스캠프 이후부터 오르막뿐이었다. 한 걸음도 내려딛는 구간이 없었다. 우리 팀은 A조, B조, 특별조로 나누어 운행하고 있었다. 나는 A조였다. 특별조의 위세가 대단했다. 캠프2 직전에 있는 하우스 침니(세로로 갈라진 굴뚝 모양의 바위틈)

는 입이 떡 벌어질 정도로 대단했다.

그곳을 오르던 날이었다. 최선을 다해 자기 역할을 다하고 있는데 특별조 후배 강성규가 짐 지는 일에 잔소리를 심하게 했다. "엄살 부리지 말라"는 그의 말에 평소 마음속에 두었던 생각을 퍼부어주었다. 고소에서는 누구나 신경이 예민해지기에 감정조절을 잘해야 한다. 무조건 참는 것이 능사가 아니다. 하지만 그 일로 박 대장에게 미운털이 박힌 나는 정상시도 하루 전날 A조에서 B조로 바뀌게 됐다.

아마도 자기가 아끼던 후배와 말다툼한 것과 카메라 맨 한성수 차장이 나에게 포커스를 맞추는 것이 마음에 들지 않았던 모양이었다. 팀의 유일한 여자였기에 몇 컷 넣으려고 하는 거 같았는데 14좌 완등을 해야 하는 주인공은 못마땅했을 것이다.

유명 산악인의 대원으로 등반하면 피곤한 일이 많았다. 계속 찾아오는 기자들과 선배들 뒤치다꺼리가 만만치 않았다. 하루는 응원차 오신 손님들이 떠나는 날이었다. 날씨 때문에 망설이는 손님들이 어서 떠나기를 바라며 서성이고 있는데 전날 캠프2까지 짐 수송한 B조 김민관 대원이 하체무기력증이 심하다는 무전을 받았다. 정신은 멀쩡한데 걷지 못한다고 했다. 그럴 땐 환자를 로프에 묶어 두레박처럼 내려 보내야 한다. 환자는 주저앉아 두 팔로 엉덩이를 들며 미끄러져 내려가고 위에서는 내려가는 만큼씩 로프를 풀어주는 방식이다.

손님들이 떠나고 B조 모두 베이스캠프로 귀환하는 것을 확인하고 저녁 먹기 전 1시간쯤 쉬다가 나왔다. 그런데 박 대장으로부터 한 소리를 들었다. 나 역시 전날 내려와 손님 접대하고 배웅까지 신경쓰고 등반 마치고 내려오는 대원들을 위해 차 끓여 놓고 비타민 챙겨주며 동분서주했는데 잠시 쉬고 나왔다고 "후배들 신경쓰라"며 개인면담을 하자고 했다.

찾아갔더니 "나는 브로드피크 때 혼자서 정상 갈 수 있었는데 다 같이 하기 위해 미뤘다"며 마치 내 등반 욕심에 후배들은 나 몰라라 했다는 듯이 몰아세웠다. 대꾸 한마디 못하고 나와 눈물만 흘렸다.

역시 이번 등반은 오는 게 아니었다 하는 후회가 막심하다. 산행에서부터 하산까지 우리 팀원 체크하며 계속 신경썼고, 내려와 손님들 가시는 시간까지 신경 곤두세우고, 종일 김민관 구조작업에 신경 세우고 있다가 겨우 한 시간쯤 쉬었기로서니 어찌 그런 말을 하는지 이해가 안 간다. 내 몸이 가면(상태가 나빠지면) 이 팀에 짐 밖에 안 되는 존재가 되기 때문에 나름대로 조심한 건데 견해차가 참 심하다. 다 때려치우고 싶다. 이번이 이런 식의 원정 마지막이 될 것이다. (2001. 7. 3. 일기)

그 후 '들러리등반'은 하고 싶지 않았다. 2차 적응훈련 참가는 내키지 않아 베이스에서 지냈다. 긴 시간이었지만 지루한 줄 모르고 '등반체질'이라 생각했다. 한편으로는 이 등반을 어떻게 마무리해야 하는지, 내 몸은 제대로 움직여 줄 것인지, 정상을 밟아도 하산까지 무사히 마칠 수 있을지, 나에게도 정상까지 올라갈 기회가 주어질 것인지 등등 머릿속이 복잡해졌다.

머릿속이 복잡할 때는 몸을 움직이며 생각의 끈을 잘랐다. 하루는 두부를 만들었고 이튿날은 실패한 두부를 만회하기 위해 묵을 만들었다. 묵이 제법 잘 돼 기분전환이 되기도 했다. 날씨가 계속 좋지 않아 베이스캠프에 발이 묶였다. 그럴 때는 책을 읽거나 새로운 것을 해보려고 고민했다.

정상시도를 위해 A조가 베이스캠프를 출발하던 날 B조는 K2메모리얼에 제를 지내러 다녀왔다. 그곳 빙하에서 잘린 발만 들어있는 이중화를 주워 그곳에 묻어주었고, 옛날 브로드

피크 등반 중 사고로 돌아오지 못할 곳으로 먼저 떠난 경희대 세 명과 2년 전 함께 등반하다 유명을 달리한 대원들에게도 제를 지냈다. 어깨가 아파 왔다. 마지막까지 최선을 다하겠다고 다짐하며 내려왔다.

  7월 22일 박 대장과 A조 강성규, 오희준, 박영도, 이주원은 8,000미터에 위치한 마지막캠프에서 정상시도를 했고 우리 B조는 캠프3에서 마지막캠프로 올라갔다. 박 대장과 셰르파 장부, 성규와 희준이가 정상에 섰다는 소식을 들었다. 그로써 박 대장은 14좌 완등의 영광을 얻게 됐다. 기쁘기도 하고 부럽기도 했다.

마지막캠프에는 여분의 산소가 없었다. 이튿날 정상시도 하는 것으로 알고 있던 우리 B조가 마실 산소가 준비돼 있지 않았던 것이다. 석연치 않은 기분으로 정상에서 내려오는 박 대장과 A조를 기다리고 있는데 하산 도중 정상에 서지 못한 박영도 대원이 추락해 사라졌다. 마지막캠프에는 박 대장과 함께 정상에 오른 두 명의 A조 대원, 그리고 나를 포함한 세 명의 B조 대원이 함께 지낼 텐트 자리는 없었다.

  박 대장은 B조인 우리에게 내려가라고 했다. 나는 그날 내려갈 자신이 없었다. 하이포터 셋을 먼저 내려 보내자 제안했고 박 대장은 수락했다. 그 모습을 보면서 애당초 2차 정상시도는 계획에 없었다는 짐작이 들었다. 사고로 더 이상 등반은 할 수 없는 상황이 됐다. 수천 미터 아래로 추락한 대원을 찾을 길은 없었다. 8,000미터 마지막캠프에서 산소를 마시며 자는 박 대장 옆에서 나는 무산소로 밤을 보내야 했다.

이튿날 나는 캠프3으로 내려오다 한쪽 발이 다른 쪽 바지에 걸려 넘어지면서 추락했다. 왼쪽 사선 방향으로 50여 미터 정도 굴러 떨어졌다. 사력을 다해 피켈로 제동을 걸어보았지만 어림도 없었다. 천길 낭떠러지로 떨어지겠다 싶은 순간 기적같이 멈췄다. 온몸이 떨려 꼼짝할 수 없었다.

고개를 들어 아래를 보니 캠프3의 우리 텐트가 보였고 박 대장은 나를 올려다보고 있었다. 다시 고개를 들어 위를 보니 B조 조장 이종관 선배가 나를 향해 내려오고 있었다. 숨을 고르고 마음의 안정을 찾으려 노력했다. 조장이 눈앞에 다가왔을 때 일어서기는 했지만 앞장설 엄두가 나질 않았다. 조장이 앞장섰고 나는 뒤를 따라 무사히 캠프3까지 내려왔다.

캠프3에 도착하니 이번에는 나와 교체돼 A조가 됐던 주원이가 하체무기력증에 걸려 있었다. 그 전에 같은 증세가 나타났던 민관이는 캠프2에서부터 끌어내렸지만, 이번에는 캠프3에서부터 끌어내려야 했다. 운명의 장난인가 싶었다. 그를 내리기 위해 대원들과 포터들만 죽어났다. 나는 힘이 없어 도울 수 없었다. 나는 8,000미터에서 무산소로 밤을 보낸 상태였다.

박 대장은 먼저 쏜살같이 내려갔다. 곧장 BC로 가지 않았고

ABC에서 환자를 기다렸다. 환자가 도착하자 그때부터 환자 뒤에서 천천히 따라가다 카메라가 기다리고 있는 베이스캠프에 도착할 때쯤에는 환자와 같이 들어갔다. 앞으로 박 대장과 등반하는 것은 어렵겠다고 생각했다.

2001년 K2 등반을 하며 7,000미터 이상 올라가면 나에게 신체와 정신적으로 급격한 변화가 오는 것을 경험했다. 아무것도 하기 싫어지는 증세가 심해진다는 것도 알게 됐다. 한계를 극복하고 8,000미터 마지막캠프에서 하룻밤을 무산소로 보내기는 했지만 하산 중 죽을 고비를 넘기고는 8,000미터는 무리라는 생각이 들었다.

원정대 들러리가 아닌 내가 오르고 싶은 산을 정하고 주도적으로 준비해 등반하고 싶은 생각이 굳어졌다. 7대륙 최고봉으로 시선을 돌렸다.

스스로 끼운 첫 단추,
엘부르즈 (5,642m)

스스로 만든 등반, 7대륙 최고봉의
첫 단추는 엘부르즈 도전이었다.
동봉을 오르고 이튿날 서봉을 오르며
첫발을 힘차게 내디뎠다.

2001년 K2 등반 경험을 계기로 등반에 대한 내적 변화를 겪게 됐다. 이전의 나는 그냥 산이 좋아서 고산등반 기회만 생기면 감지덕지하며 참가하기 바빴다. 그럴 수밖에 없었던 이유는 막대한 비용 부담이었다. 등반비용만 스스로 충당할 수 있었어도 당당히 참가할 수 있었다. 남자들 사이에 섞여 등반하다 보니 서서히 나의 존재감에 대해 생각하는 시간이 늘어나면서 내가 중심이 돼서 하는 등반을 꿈꾸게 됐다.

고도 7,000미터부터 극도의 무기력 증세와 졸음으로 등반할 수 없는 지경에 이르는 것을 경험한 나는 7대륙 최고봉으로 시선을 돌렸다. 등반에 대한 마음이 한결 가벼워졌다. 7대륙 최고봉 중 에베레스트를 제외한 모든 봉우리의 높이가 7,000미터 이하이기 때문에 목숨까지 걸어야 하는 비장한 각오 없이도 등반은 가능하다고 생각했다. 히말라야 8,000미터 산을 등반하기 위해서는 막대한 등반 비용이 필요했다. 비용 마련이 어려워 늘 수동적 입장에서 원정대를 따라가곤 했었다. 그러나 2001년 K2 등반 이후 나는 스스로 자금을 마련해 등반 기회를 만들고 싶어졌다.

첫 단추는 2002년 여성산악회 멤버들과 함께한 유럽 최고봉 엘부르즈(5,642m) 도전이었다. 등반은 순조로웠고 2002년 8월 23일 동봉, 이튿날 서봉을 오르며 7대륙 최고봉 도전의 첫발을 힘차게 내딛게 됐다.

엘부르즈 5,642m ▲ 89

그림자를 벗삼아 홀로서기, 매킨리 (6,194m)

그림자를 벗삼아 외로움과 두려움을 극복하고 정상에 섰다.
함께한 사람들의 도움을 받기도 했고 그들이 힘겨워할 때는
그들을 보살펴주는 여유를 보여주기도 했다.
그렇게 등반가로 홀로서기의 첫걸음을 내디뎠다.

2003년 매킨리 등반은 처음부터 끝까지 혼자 준비했다. 다음 해 등반 예정인 에베레스트 등반을 준비하는 차원에서 매킨리 등반은 단독으로 시도하기로 했다. 이 산은 단독등반 허가를 내주지 않아 같은 해 등반을 준비하던 동덕여대팀에 이름만 올려 등반 허가를 받았다.

　문제는 비자였다. 불법이민자가 많은 미국은 30대 중후반 여자를 가장 기피한다고 했다. 주변에서는 내가 미혼이고 30대 후반의 여자라서 비자 받기가 어려울 것이라며 3개월짜리 단기비자로 알래스카 지역에 국한된 것만 나와도 다행일 거라고 했다. 그런데 미국 전역을 돌아다닐 수 있는 10년짜리 비자가 나왔다. 난생 처음 홀로 떠나는 등반이다 보니 주변의 응원이 대단했다.

　산악계에서 여자 혼자서 등반 목표를 정하고 돌진하는 일은 흔치 않았다. 개인장비부터 하나하나 점검하고 무엇보다 식량 준비에 심혈을 기울였다. 혼자라서 내 기호만 신경 쓰면 됐다. 다만 동덕여대팀을 비롯해 다른 한국 팀들과의 교류를 준비하는 차원에서 팩소주 한 박스도 준비했다. 5월 8일 패킹을 마치고 이튿날 배웅 나와 준 남동생 내외와 선후배들에게 감사하는 마음으로 비행기에 몸을 실었다.

　5월 9일 오후 2시 비행기로 출발했는데 도착한 앵커리지 시간은 같은 5월 9일 아침 9시 9분이었다. 타임머신을 타고 온 것 같았다. 촉촉한 앵커리지공항을 벗어나 달리는 차 안에서 바라보는 주변은 백양목과 전나무뿐이었다. 새순이 올라오고 있는 백양목과 멀리 머리만 흰 눈으로 덮인 산들은 한 폭의 그림이었다. 그 속에 내가 있었다. 높은 건물이 없으니 시야가 편안했다. 자연과 인간이 조화롭게 사는 아름다운 곳이었다.

5월 10일 시차적응이 덜 돼 묵직한 몸을 이끌고 장비점에 들러 아이젠과 눈삽 등을 구입했다. 한국음식 재료를 파는 마트가 있었다. '오버차지' 걱정하며 바리바리 싸올 필요가 없었다. 이곳에 정착해 와실라(Wasilla) 호숫가에 사는 오갑복 선배 집에 열한 명이 묵었다. 나와 동덕여대팀 5명 외에도 지방에서 온 두 팀이 더 있었다. 한 팀은 세 명으로 구성된 '팔공산악회팀'이었고 다른 한 팀은 두 명으로 이루어진 '초고리팀'이었다. 입담이 좋은 초고리팀 양해룡 덕분에 밤새 웃으며 시간을 보낼 수 있었다. 5월 11일 초고리팀이 먼저 출발했지만 폭풍이 몰려오는 바람에 2~3일 꼼짝 못하고 탈키트나(Talkeetna)마을에 묶였다. 매킨리는 육로로 산 아래까지 접근할 길은 없어 경비행기를 이용해야 했다. 덕분에 시간을 벌게 됐다.

나머지 아홉은 '쥐를 잡자' 게임도 하고 비디오로 영화감상도 했다. 한울산악회의 1994년 매킨리 등반 비디오가 도움이 됐다. 준비 단계부터 등반 구간별로 상세한 내용이 담겨 있었다. 비디오를 보면서 날씨가 도와주고 몸 상태만 괜찮으면 단숨에 치고 올라갔다 내려오는 편이 좋겠다고 생각했다.

5월 13일 오후 3시 와실라를 출발해 1시간 30분을 달려 탈키트나에 도착했다. 허드슨항공 창고에서 하룻밤 보내고 이튿날 아침 4인용 경비행기에 세 명씩 나눠 타고 도착했다. 1시간 30분 간격으로 모두 도착한 다음 야영 준비를 했다.

팔공팀 조중현, 임근영, 도정훈은 바로 운행을 시작했다. 같이 가고 싶은 마음이 들었지만 첫날부터 급할 것이 없었기 때문에 계획대로 천천히 하기로 했다. 휘발유 1갤런(약 4.5리터)을 받고 원하는 스타일의 썰매도 받아 기분이 좋았다.

5월 15일은 오전 7시인데도 대낮같이 환했다. 텐트 안 온도는 영하 10도였다. 몸을 추스르는 데 한 시간이 흘렀다. 아침식사는 생식으로 간단히 하고 텐트 정리와 짐 싸는 데 두 시간이나 소요됐다. 10시에 출발해 오후 6시 캠프1에 도착했다. 텐트 먼저 설치한 다음 짐 정리하고 혼자만의 시간을 가졌다.

양말을 벗는데 뒤꿈치가 까져 속살이 다 드러났다. 2~3일 더 스키를 신고 걸어야 하는데 첫날부터 그런 부상이 생기니 걱정이었다. 노르딕 스타일 스키는 처음 신어 보았기 때문이었다. 이튿날 스키를 착용하고 행군하는데 걸음을 옮길 때마다 뒤꿈치가 살점이 떨어져 나가는 듯 쓰라렸다. 다른 사람들을 보고 뒤축을 올려야 한다는 것을 알게 됐다. 그 후부터 걷기가 한결 수월했다.

경사가 급한 곳에서는 끌고 가는 썰매를 조절하기가 어려웠다. 무거운 썰매가 뒤에서 당기니 옆구리 아래가 압박됐다. 썰매와 연결된 나무막대를 배낭의 허리벨트보다 높게 고정해 보았다. 하중이 어깨에 실리면서 한결 걸을 만했다.

다음은 바람이 문제였다. 윈드재킷을 꺼내 입으려는 순간 썰매가 20미터 정도 미끄러져 내려가 버렸다. 다시 내려가 썰매를 끌고 올라가는 동안 컨디션은 엉망이 돼 버렸다. 난생 처음 끌어보는 썰매와 실랑이하면서 캠프3에 도착했다.

잠들기 전 기온이 영하 27도까지 내려가는 날에는 잠을 이루지 못했다. 함께하는 등반가들 사이의 훈훈한 정이 있어 견딜 만했다. 팔공팀이 나를 잘 챙겨주었다. 좋은 캠프사이트를 잡아주고 늦게 일어나는 날이면 자신들 아침밥을 같이 먹자고 했다.

캠프3에서 매킨리시티(4,300m)까지는 한 번에 오르기가 어려웠다. 캠프3 바로 위의 모터사이클 구간은 너무 가팔라 짐을 두세 차례에 나누어 날라야 했다. 그 위의 윈디코너(Windy corner) 구간은 낙석이 언제 날아올지 몰라 서둘러 통과해야 했다. 이틀 동안 매킨리시티 바로 아래까지 짐을 나르고 3일째 되는 날 모든 짐을 썰매에 싣고 매킨리시티에 입성했다. 모든 원정대가 매킨리시티에 베이스캠프를 구축하고 본격적인 등반을 시작했다.

11시 54분 출발. 어제 짐 데포 해놓은 데 도착하니 오후 3시 5분. 어제보다 10분 늦었다. 발뒤꿈치가 너무 아프다. 처음부터 끝까지 front point 자세로 걸으려니 미치기 일보 직전이다. 오늘은 팔공팀하고 같이 운행했다. 혼자 할 때보다 덜 심심하다. 원정 때마다 느끼는 거지만 유럽 쪽과 미국 쪽 외국인[백인]들은 확실히 힘이 좋아 보인다. 그 무거운 짐을 지고 끌면서 잘 쉬지도 않고 꾸준히 오르는 모습이 참 보기 좋다. 어떨 때는 징그럽게 느껴지기도 한다.
(2003. 5. 19. 일기)

매킨리시티에는 많은 팀이 들어와 있었다. 겨우 텐트 한 동 들어갈 자리가 있어 내가 먼저 짐을 풀었다. 그 사이트를 사용했던 팀이 성공했기를 바라며 텐트부터 구축했다. 내 사이트 근처에 팔공팀이 텐트사이트를 만드는 동안 나는 그들과 같이 먹을 저녁을 지었다. 이튿날 문 앞에 눈블록으로 바람벽을 쌓고 그 안에 소변전용화장실을 만드는 동안 해가 저물었다. 그날 저녁 10일 만에 와실라의 멤버 열한 명이 모두 모여 간단한 입성식으로 서로 응원했다. 초고리팀 양해룡의 변함없는 유머로 모두 뒤집어지며 하루를 마무리했다.

> 계속 날씨가 좋은 것이 왠지 불안하다. 늑장을 부리며 천천히 준비한다. 오늘 아침에는 생식으로 때웠다. 11:30 출발. 뒤에 썰매를 달았더니 현저히 속도가 나질 않는다. 아무래도 좀 늦을 것 같다. […] 오늘도 나의 유일한 벗은 내 그림자다. […] 하이캠프 위로는 바람이 너무 쎄어 Summit한 사람이 한 명도 없다. 또, 목, 금은 눈이 온다니 걱정이다. 4~5일 안에 날씨가 좋아져야 하는데 걱정이다. 1주일 안에 승부를 내야 한다. 갑자기 마음이 조금 급해지고 불안해진다. 내 텐트사이트에 있던 팀은 아마 성공해 돌아갔을 것 같다. 그랬으면 좋겠다는 생각이 든다. 팔공팀 텐트사이트 만드는 동안 밥하고 찌개를 끓였다. 다들 맛있게 먹어주니 고맙다. 물 끓여주고 내 수통에도 채우고 나니 밤 9시가 넘었다. 일찍 자고 내일은 푹 쉬어야지. (2003. 5. 20. 일기)

매킨리시티는 많은 등반가가 머무는 곳이라 발자국소리에 잠을 설치기 일쑤였다. 캠프3보다도 기온이 낮아 수통에 펄펄 끓는 물을 넣어 품고 자도 추웠다. 햇살이 비추기 전까지는 꼼짝도 하기 싫어 침낭 속에서 뭉겠다.

5월 23일 오전 10시 30분 하이캠프인 매킨리빌리지를 향해 출발했다. 헤드월 구간을 치고 오르는 데 세 시간이 걸렸다. 다시 하이캠프까지 2시간 30분이 걸렸다. 오후 4시였다. 등반을 마친 한국팀이 남겨놓은 텐트 안에 비바크용 텐트를 쳤다. 바람이 너무 세차 밖에 칠 형편이 못됐다.

물을 끓이고 있는데 초고리팀이 도착했다. 힘겨워 보여 차를 끓여주고 간식까지 챙겨주었다. 저녁 먹고 7시가 지났는데 이번에는 팔공팀이 올라왔다. 다시 차를 끓여 주고 텐트를 치는 동안 그들의 저녁밥까지 준비해 주었다. 바람이 거칠어 그들의 고생이 말이 아니었다. 내일 올라가기는 어려워 보였다. 남 걱정할 때가 아니었다. 저녁 10시가 넘으니 골이 아프고 피곤했다. 올라와 푹 쉬어야 했었는데 그럴 상황이 아니었다. 이튿날이 걱정됐다.

결국 밤새 열나고 아파서 잠을 이루지 못했다. 중간에 다시 일어나 차를 끓여 마시고 두 번 볼일 보고 나니 조금 호전됐다. 언제 잠들었는지 모르지만 눈을 떠보니 24일 새벽 5시 26분이었다. 서너 시간 잔 듯했다. 물부터 끓이며 정신을 가다듬었다. 아래위 옷을 챙겨 입는 데 한 시간이 걸릴 정도로 움직이기가 힘들었다. 일어나 출발까지 세 시간이나 걸렸다.

초고리팀은 출발 준비가 끝나 있었고, 팔공팀은 모두 고소로 뻗어 있었다. 내가 앞장서 걷기 시작했다. 한 걸음이 천근만근이었다. 지루하고 힘든 데날리패스를 통과하자마자 내 얼굴을 카메라에 담아 보았다. 아수라 백작 같았다. 반쪽은 멀쩡하고 반쪽은 성에로 허옇게 돼 있었다. 어느 순간 움직이는 생명체는 나 하나밖에 없었다. 초고리팀은 보이지 않은 지 오래됐다.

나의 곁을 지켜주는 것은 말없이 함께하는 그림자뿐이었다. 그림자 친구와 눈인사를 나누며 전진했다. 어느 순간 공포가 밀려왔다. 눈과 시커먼 바위밖에 없는 드넓은 곳에 나 혼자밖에 없다는 사실에 몸서리가 쳐졌다. 자꾸만 뒤를 돌아보게 됐다.

아치디컨스(Archdeacons)타워 근처에 왔을 때 습관처럼 무심히 뒤를 돌아보니 멀리 지평선 위로 네 사람의 까만 머리 끝부분이 들썩이며 움직이는 모습이 보였다. 혼자가 아니라는 안도

감이 들었다. 스페인팀이었다. 정상 아래서부터 그들 중 둘이 먼저 앞서갔고 뒤이어 오후 4시 15분 나도 정상에 도착했다. 그들과 서로 사진 찍어주고 잠시 경치도 구경했다. 나는 사진을 찍으며 15분 후 하산을 시작했다. 뒤처졌던 스페인팀 둘이 정상으로 향하는 모습을 보며 내려오는데 풋볼필드를 지나 설벽을 외국인 7~8명이 올라오고 있었다. 왠지 모를 뿌듯함을 느끼며 하이캠프인 데날리빌리지(Denali Village, 5,250m)로 향했다.

> 20~30걸음마다 얼굴 묻고 숨 쉬거나 졸거나 하기를 수백 번. 드디어 300미터 설벽 앞에 도착하니 정상으로 가는 릿지가 장관이다. 사진에 담았어야 하는데 미처 생각을 못했다. 너무나 황당하게 길어 보였기 때문에 지레 겁을 먹고 설마하며 오른다. 드디어 칼날 릿지 앞. 덜컥 겁이 난다. 다시 이 길로 돌아올 수 있을까. 잠시 생각해 본다. 양쪽은 절벽 낭떠러지다. 특히 오른쪽은 끝이 보이지 않는다. 한발 한발 숨죽여 가며 걷는데 숨이 가쁘지도 않다. 어찌나 긴장하며 걸어갔는지 글을 쓰고 있는 지금 다시 생각해도 아찔하다. 릿지가 끝나서 정상이려니 했더니 또 굽이굽이 두 번을 넘어가야 정상이 나타난다. 참 힘겨운 여정이었다. (2003. 5. 24. 일기)

하산 시작하고 세 시간 만에 하이캠프에 도착했다. 만사 제치고 자고 싶었지만 텐트가 없었다. 전날 밤 내 텐트를 동덕여대팀이 사용해야 했다. 서성이는데 팔공팀이 내 잠자리를 마련해 주었다. 바로 짐을 싸서 내려가기가 만만치 않았는데 배려가 고마웠다.

이튿날 아침 팔공팀 근영, 정훈과 동덕여대팀 인경, 막내, 초고리팀 정보현까지 다섯이 정상시도를 위해 출발했다. 정보현은 전날에 이은 재도전이었다. 나는 오전에 내려가려고 했지만 하이캠프 상황이 말이 아니었다. 남아있는 동덕여대팀 후배 둘 중 혜진이가 노란 위액을 게워낼 정도로 상태가 좋지 않았다. 기포형 비타민제를 타 먹이고 차도를 살폈다.

싸놓은 짐을 보며 "내려가야겠다"는 나의 말이 떨어지기 무섭게 변하는 팔공팀 '아기사슴' 중현의 걱정어린 눈빛을 보니 발을 뗄 수 없었다. 내가 해줄 수 있는 건 등반하는 사람들이 어느 위치에 있는지와 칼날릿지 통과 때 주의사항을 알려주고 최대한 한 발 한 발 신중하게 디디라고 당부하는 것밖에는 없

었다.

 중간에 동덕여대팀과 초고리팀은 포기하고 내려왔다. 이제 등반하는 사람은 팔공팀 두 명뿐이었다. 정상 릿지 시작 지점에서 그들의 무전을 받고 30~40분이 지났는데 추가 연락이 없었다. 피 말리는 시간이었다. 3시 40분 정상이라는 무전을 받게 됐다. 축하한다고는 했지만 악화되는 날씨 때문에 하산이 걱정됐다.

 몇 시간이 지나 위험한 칼날릿지도 무사통과 했고 데날리패스(Denali Pass, 5,547m) 20분 전 지점까지 왔다는 소식을 듣고 나서야 안심하고 일어날 수 있었다. 동덕여대팀에서 상태 안 좋은 혜진이는 나와 함께 내려가자고 했는데 싫다고 했다. 나로 인해 더 이상의 불편을 주면 안 됐기에 혼자 하산을 시작했다.

 매킨리 단독등반에서 나는 그림자를 벗삼아 외로움과 두려움을 극복하고 정상에 섰다. 함께한 사람들의 도움을 받기도 했고 그들이 힘겨워할 때는 그들을 보살펴주는 여유를 보여주기도 했다. 그렇게 등반가로 홀로서기의 첫걸음을 내디뎠다.

비난 받을 용기,
에베레스트 (8,848m)

계명대팀의 사고로 정상까지 홀로 올라야 했다.
죽음의 문턱을 넘나들며 하산을 마치고 돌아온 나에게 쏟아진
비난을 어떻게 받아들여야 할지 생각할 기운이 없었다.
우선 내가 살고 봐야 했다.

7대륙 최고봉 중 가장 부담스러운 산은 에베레스트였다. 그래서 히말라야 14좌를 완등한 박 대장이 계획하는 에베레스트 원정을 따라가려고 했는데 계획이 어그러지면서 다시 홀로서기를 해야 했다. 2004년 2월 13일 오후 정신없이 계획서를 만들어 소속사 영원 부장과 상무에게 보여주었다. 가장 큰 문제는 비용이었다. 네팔 쪽 남동릉 루트로 가는 비용보다 티베트 쪽 북동릉 루트로 등반하는 것이 훨씬 저렴했다. 계획서를 제출하고 성기학 회장과 저녁식사를 했다.

2월 18일 성 회장 왼팔 오른팔 역할을 하는 간부들과 박영석 대장을 주축으로 결성된 남극대원들(이치상, 강철원, 오희준, 이현조), 그리고 <동아일보> 전창 기자와 나까지 12명이 모여 식사를 했다. 이튿날 회장 결재가 떨어졌다. 다시 품의서와 계획서에 '단독'이라는 문구를 빼고 제출해야 했다. 하나부터 열까지 혼자 준비해야 했다.

3월 15일 저녁비행기로 방콕을 경유해 이튿날 오후 카트만두에 도착했다. 고소적응을 위해 트레킹 피크 중 임자체(아일랜드피크, 6,189m) 등반을 먼저 했다. 계명대 원정대와 동행했다. 경비 절감을 위해 서류상 한 팀으로 신청했다. 당시 네팔 사이트 에베레스트 단독등반 입장료만 2만5,000달러였다. 일곱 명까지는 한 팀으로 7만 달러였다. 티베트 사이트는 절반도 안 됐다. 여러 사람과 움직이는 것은 신경쓸 일이 많았다. 나만의 시간을 갖기 어려운 게 가장 힘들었다.

3월 23일 추쿵에서 새벽 3시 칠흑 같은 어둠을 뚫고 정상을 향해 출발했다. 동이 터오면서 눈앞에 아름다운 경관이 펼쳐졌다. 열심히 캠코더를 돌렸다. 등반하면서 캠코더까지 돌리는 것이 힘들었다. 지원받은 의류 기능도 부실해 활동이 불편했다. 오전 10시 임자체 정상에 섰다. 하산하며 베이스캠프까지 무사히 도착하기 위해 긴장의 끈을 놓지 않았다.

> 등반하며 카메라도 돌리려니 죽을 맛이다. 대원들과 함께하고 있다는 것이 얼마나 큰 위안인지, 그림을 담을 소재가 있다는 것 또한 얼마나 큰 기쁨인지… 얼마나 갔을까 드디어 설원지대가 나타났다. 장비 착용하고 (이중화, 벨트, 아이젠) 출발. 오전 10시 정상에 섰다. 바람이 너무 많이 분다. 오버재킷이 좀 부실하다. Two-way 지퍼여야 하고 앞면을 좀 더 깊게 감싸주어야 한다. 배낭을 메었는데 목 부위가 뒤로 당겨져 상당히 불편하다. […] 같이 사진 찍고 감상하고 바로 하산. 이제부터가 진짜 산행이다. 온전하게 BC까지 가야 하니까. (2004. 3. 23. 일기)

임자체 훈련등반을 성공리에 마치고 카트만두로 돌아와 본격적인 에베레스트 등반 준비에 들어갔다. 가장 신경 쓰이는 장비는 산소였다. 고가였지만 목숨줄을 쥐고 있었기 때문이다. 나와 셰르파 몫으로 다섯 통을 구입했다. 든든했다. 다음은 김치 담그는 일이었다. 카트만두에 있는 한국음식점에서 종일 배추를 다듬어 씻고 절이며 등골 빠지게 김장을 했다. 등반보다 힘들었다. 짐을 트럭에 싣는 일이 남았다. 이튿날 새벽 5시에 짐 먼저 출발하고 대원은 7시 전에 출발해야 했다. 밤 11시가 넘어 모든 일이 끝났다. 카트만두를 출발해 국경지대인 코다리에서 입국신고와 세관 업무를 마치고 다시 두 시간 정도 올라가면 그날 체류할 장무(2,200m)가 나온다.

피로를 풀기 위해 대야에 따듯한 물을 받아 발부터 담갔다. 처음에는 살가죽이 벗겨질 것 같이 뜨거웠는데 10분쯤 지나니 온도가 맞춤이 됐다. 장무에서 하룻밤 보내고 한 시간 거리에 있는 니알람(3,750m)에서는 이틀을 보내야 했다. 한 시간 거리이기는 하지만 1,000미터 넘는 고도를 차를 이용해 급속하게 올리기 때문에 고소증세가 나타날 수 있었다. 하루 이상 머물며 고소적응을 해야 한다.

고소증세는 공기 중 산소 농도가 현저히 줄어들고 기압이 낮아 몸의 혈액순환이 잘 이뤄지지 않기 때문에 발생한다. 일반적으로 2,000미터 후반부터 고소증세가 나타난다. 이것을 예방하려면 무리하게 움직이지 않고 몸을 보온해야 한다. 특히 열손실이 많은 목과 머리 보온에 신경써야 한다. 과식하지 말고 따듯한 물을 하루 2리터 이상 마시는 것이 좋다. 과식할 경우 위에서 소화시키는 데 많은 산소가 필요하기 때문이다.

장무(2,200m), 니알람(3,750m), 딩그리(4,200m)를 거쳐 4월 7일 베이스캠프(5,300m)에 입성했다. 도착하자마자 캠프 구축부터 하고 이튿날 구름 한 점, 바람 한 점 없는 기가 막히게 좋은 날씨에 라마제를 지냈다. 에베레스트의 티베트 이름은 '초모랑마'다. '세계의 여신', '대지의 여신', '세상의 어머니'라는 의미로 여자 붓다 그림도 모셨다. 네팔 이름은 '사가르마타'다. '하늘의 이마'라고 한다.

이튿날 바로 5,820미터 지점으로 고도를 올려 하룻밤 지낸 다음 4월 10일은 전진캠프(6,300m)로 진출해 이틀 밤을 보냈다. 첫날밤은 지쳐 떨어졌지만 둘째 날 밤은 밤새 기침으로 뒤척였다. 느낌이 이상해 거울을 보니 괴물이 있었다. 뜨기조차 힘들 만큼 두 눈이 부어 있었다. 아침은 먹는 둥 마는 둥 베이스캠프로 하산했다. 강한 바람 때문에 며칠간 베이스에 꼼짝하지 못하고 묶이면서 자연스럽게 고소적응은 돼 갔다. 에베레스트 정상 주변에는 항상 구름이 잔뜩 껴 있었다.

베이스에서 지내는 시간이 길어지면서 임자체 등반부터 함께 하고 있는 계명대팀과의 보이지 않는 마찰로 불편해지기 시작했다. 내가 별도로 움직이려 하면 무척 예민한 반응을 보이고, 자기들을 칭찬하면 좋아하고 남을 칭찬하면 외면하는 분위기에서 즐거운 대화가 이어지지 않았다.

구름 한 점 없이 맑고 깨끗한 날 전진캠프를 향해 올랐다.

같이 출발한 계명대팀은 초반부터 내 앞으로 쭉쭉 빼고 나갔다. 두세 시간이 지나서부터는 계명대팀 등반대장 박무택이 제일 먼저 퍼져 뒤로 처졌고 점심식사 후에는 나머지 대원도 내 뒤로 처졌다. 전진캠프에 내가 가장 먼저 도착했다. 전날 올라와 있던 계명대팀 대원들이 나를 보는 얼굴에 달갑지 않은 표정이 역력했다. 박무택은 심한 치질 때문에 고생하고 있었다.

전진캠프에서 하루 쉰 후 이튿날은 6,500미터까지 올라갔다가 내려왔다. 발걸음이 가볍고 기분도 좋았다. 이튿날 7,300미터에 있는 노스콜로 갈 때는 느리고 힘이 들었다. 온몸의 진이 다 빠져나가는 느낌이 들 때쯤 노스콜이 나타났다. 이후 나의 고소적응은 순조로웠다.

생리가 시작돼 며칠간 휴식을 취하는 동안 생일을 맞았다. '까따'에 축하글을 써서 선물로 주는 스위스팀 사다(sardar, 셰르파의 우두머리), 초코파이 생일케이크로 축가를 불러주는 계명대팀 대원들, 그리고 평소 친하게 대화 나누던 인디아 네이비(navy)팀도 축하선물을 보내주었다. 저녁에는 6,300미터 전진캠프에서 생일파티가 벌어졌다.

> 생각 같아서는 모두 초대하고 싶지만 자리가 부족해 불가능하다. 내 일생에 오늘같이 행복한 날이 또 있을까? 너무 행복해 까무러칠 지경이다. […] 많은 대화를 나누며 스스로 즐기는 모습도 좋고 나에게 결혼했는지 남자친구 있는지 물어보는 모습도 좋았다. 나에게 관심은 있는 모양이다. 싫지 않다. 셰르파들의 춤 솜씨와 계명대팀 학고비들의 춤과 노래. […] 이보다 좋을 순 없을 것 같다. 참 좋은 사람들과 좋은 시간을 보냈다는 것이 무엇보다 즐겁다. 행복. 내 인생 최고의 날이다. 6,300미터에서 생일파티 하고 많은 사랑으로부터 축하 받고… (2004. 4. 23. 일기)

4월 27일 오전 외국팀과 계명대팀은 노스콜에서 전진캠프로 내려가고 나만 7,900미터 캠프1까지 올라갔다가 다시 전진캠프로 내려갔다. 올라가는 동안 변덕스러운 날씨가 갑자기 돌변하면 아무도 없는 이곳에서 어쩌나 싶은 두려움이 몰려왔다. 너덜지대는 등반을 포기하고 싶을 만큼 지겨운 구간이었다. 캠프1에 도착하자마자 30분 정도 짐 정리하고 전진캠프로 내려갔다. 내려가는 도중 한쪽 아이젠이 벗겨져 십년감수했다.

12일 만에 돌아온 베이스캠프의 내 텐트는 모진 바람에 엉망이 돼 있었다. 출구 쪽이 찢어져 너덜거리는 텐트를 인도팀에서 빌려준 타포린으로 덮고 안쪽에서 찢어진 곳을 꿰맸다. 바느질 도구도 인도팀에서 빌려온 것이었다. 이튿날 아침부터 다시 바느질을 시작했다. 꿰맨 곳 바깥에는 늘 가지고 다니던 덕테이프를 붙였다. 텐트 수선을 마치고 빌린 도구를 가져다줬는데 식사 초대까지 받게 됐다. 거절 못 해 가기는 갔지만 그들의 밀가루음식과 고기는 입에 맞지 않아 고역이었다. 마음 써주는 것이 고마워 열심히 먹었다.

계명대팀은 선진캠프에서 내려오지 않고 베이스에는 연료가 떨어져 쿡이 요리할 상황이 아니었다. 다행히 이 팀 저 팀으로부터 식사 초대를 받았다. 신선한 야채를 많이 넣은 요리를 해먹는 중국팀에서 얻어먹을 때가 제일 좋았다.

날씨가 좋지 않아 베이스캠프에서 지내는 날이 길어졌다. 이제는 계명대팀 대원들도 모두 내려와 있었다. 그들은 장기를 두거나 훌라를 하며 시간을 보냈다. 나는 장기는 둘 줄 모르고 앉아있기가 지루해 하루는 말로리와 어빈 메모리얼에 다녀오고 하루는 롱북사원까지 산보도 했다. 롱북사원 다녀올 때는 여섯이 함께했다. 이곳에서 친구가 된 인도팀 대원 라주, 캐나다인 두 명, 운동선수 출신 춘라(중국인으로 추청), 그리고 계명대팀 정면이었다. 이들 덕분에 베이스캠프 생활이 지루하지 않았다.

어버이날 위성전화로 부모님께 안부를 전했다. 조심히 등반하라는 아버지 목소리를 들으니 보고 싶어졌다. 영원 관계자들과도 통화했다. 성 회장이 계명대 홈페이지에 올려준 격려의 글이 감동적이었다.

기다리는 날이 길어질수록 나른해지고 피곤이 쌓였다. 혓바늘까지 돋았다. 움직이기로 결심하고 우선 전진캠프까지 운행했다. 날씨 상황을 보고 정상시도를 하기로 했다. 7,900미터 캠프1에 설치한 텐트가 강풍에 찢겨져 모두 날아가고 침낭만 건진 상태였다. 텐트 한 동이 없어졌으니 계명대팀과 텐트를 나눠 써야 했다. 나는 하루 차이를 두고 움직이기로 했다. 전진캠프에 모여 있는 팀들의 디데이가 5월 18일로 잡혔다.

계명대팀이 먼저 오르고 나는 19일에 시도하기로 했다. 5월 15일 네팔 사이트로 3개 팀이 정상에 섰다는 호보를 들었다. 그중에는 나와 친한 인하대팀도 포함돼 있었다. 나도 얼른 끝내고 싶어졌다. 16일 전진캠프에서 노스콜로 이동했다.

17일 7,900미터 캠프1에서 지내고 18일 마지막캠프로 향하던 중 1차 정상시도를 포기하고 내려오는 계명대팀 면이를 만났다. 면이가 10시 30분쯤 등반대장 박무택과 대원 장민이 셰르파와 함께 정상에 섰다고 전해줬다. 축하인사만 나누고 나는 올라가고 그 후배는 노스콜 캠프로 내려갔다.

마지막캠프에 도착해 휴식을 취하고 있는데 계명대팀 2차 공격조인 백준호 원정부대장이 올라왔다. 그는 등반대장인 박무택의 1년 선배였다. 정상에 선 박 대장이 설맹에 걸렸고 손발이 시리다는 무전을 받았다고 했다. 우리가 도착한 마지막캠프는 8,300미터 죽음의 지대였다. 그를 도와주기 위해 내가 고용한 셰르파 니마를 보냈다. 그 팀 셰르파 누리와 함께 둘을 올려 보낸 것이었다. 니마와 누리는 마지막캠프를 떠난 지 두 시간 남짓 지나 돌아왔다. 자신들도 오늘 온종일 움직여 지쳤고 둘만으로는 구조가 불가능하다고 했다. 맞는 말이었다.

백 부대상이 등반을 포기하고 올라가봐야겠다고 했다. 말리고 싶었지만 차마 말이 떨어지지 않았다. 그에게는 레귤레이터와 산소마스크가 없었다. 그 팀은 1차 정상시도 조가 내려오면 2차 정상시도 조가 장비를 받아서 가는 시스템이었다. 나는 내 산소 한 통과 레귤레이터, 산소마스크, 그리고 보온병에 따뜻한 물을 채워 건네주었다. 2차 사고가 날 수 있으니 무리하지 말라는 말과 함께 니마와 누리도 함께 보냈다. 마음이 편치 않았다.

이튿날 오전 9시 니마가 홀로 내려왔다. 산소를 쓰지 못해 그냥 내려왔다고 했다. 산소도 없이 얼마나 힘들었을지 짐작이 됐다. 그 후 백 부대장으로부터 다시 무전이 왔다. 비용은 얼마가 들어도 좋으니 셰르파 네 명만 섭외해 보내달라는 것이었다. 가슴이 미어졌지만 마지막캠프에는 셰르파가 없었다.

다행히 전진캠프에 있던 원정대장이 노스콜에서 셰르파 셋이 올라갈 거라는 내용과 정상에서 내려오는 셰르파 중 둘이 도와줄 거라는 교신이 왔다. 조금 안심이 됐다. 중간에 계명대 팀 백 부대장으로부터 따뜻한 물과 산소를 보내달라는 교신이 왔지만 내 보온병은 어제 백 부대장에게 이미 주었고, 마스크와 레귤레이터가 없어 산소통을 지고 나를 수도 없는 상황이었다.

그때까지 나는 1997년 가셔브룸Ⅱ(8,035m) 정상에 한 번 서 보았고 2001년에 K2 8,000미터에 있는 마지막캠프에서 산소 없이 하룻밤 보낸 것이 전부였다. 에베레스트 티베트 쪽 루트 상의 마지막캠프 고도 8,300미터는 태어나 올라 본 가장 높은 곳이었다. 레귤레이터와 산소마스크가 없으니 꼼짝할 수가 없었다. 그때까지만 해도 나 같은 아마추어는 에베레스트 같은 곳을 등반할 때 산소를 쓰지 않으면 죽는 줄로만 알았다.

무전도 끊겼다. 배터리가 방전됐으리라 짐작됐다. 주위 다른 팀에게 장비를 구해보았지만 다들 여유분이 없다고 했다.

셰르파 다와가 레귤레이터와 마스크를 빌려주었는데 레귤레이터가 작동되지 않았다. 구조대는 하루 내내 기다려도 오지 않았다.

저녁이 돼 부산팀 셰르파 누리도 홀로 내려왔다. 몹시 지쳐 있었다. 그로부터 레귤레이터와 마스크를 받아놓기는 했는데 고민이 됐다. 그때 니마가 와서 "올라갈 거냐?"고 물었다. "물론!" 하고 대답해놓고 스스로 놀랐다. 고민 끝에 전진캠프에 있는 계명대팀 원정대장과 교신했다. "은선 씨는 은선 씨 등반하라"고 말했다. 그 후부터 무조건 올라가야 한다는 생각이 머릿속을 가득 채웠다.

"그래, 가야지. 사고는 사고고 등반은 등반이다. 여기까지 어떻게 왔는데 시도는 해봐야지. 이대로 맥없이 그냥 물러설 수는 없다. 그리고 위쪽 상황을 확인하러 갈 수 있는 사람도 현재 나밖에 없다."

나는 사고현장으로부터 가장 근거리에서 위 상황을 확인할 수 있는 유일한 사람이었다. 걱정됐는지 니마가 재차 물었다. 나는 더욱 확신에 차 대답했다.

"물론 올라간다."

그날 저녁 12시경 홀로 등반을 시작했다. 완전무장 하고 산소통 두 개를 메고 보니 뒤에서 누가 나를 잡아끄는 것 같아 걸을 수가 없었다. 떨어져 죽을 것 같아 산소통 하나는 셰르파들 텐트 앞에 내려놓았다. 나중에 내가 내려올 때쯤 올려 달라는 말을 하고 움직였다. 한결 발걸음이 가벼워졌다.

 벌써 다른 외국팀들은 3~4시간 전에 출발했기 때문에 랜턴 불빛만 하늘 위에 라인을 그리고 있었다. 부지런히 쫓아가야겠다는 생각밖에 들지 않았다. 오르는 도중 셰르파 하나가 내려오고 있어 물어보았더니 위에 한국인 남자 둘이 있다고 알려주었다. 마음이 급해졌다. 얼른 만나고 싶었다. 둘 다 아직 살아있다는 희망을 안고 두세 시간 더 오르다 보니 능선길에 접어들었다.

앞서 출발한 외국팀 대원들이 하나둘 내 뒤로 처지기 시작했다. 오른쪽으로 꺾어 릿지등반을 하는데 장난이 아니었다. 8,500m가 넘는 곳에서 이런 등반을 해야 하는지 기가 막혔다. 그곳부터는 열심히 눈에 불을 켜고 두 사람이 있나 없나를 살폈다. 막연히 저 위에 있다고 해 가까이 있는 줄 알았었다. 다가가도 둘은 보이지 않았다.

전진캠프에 있는 대원과 이상하다고 무전하며 계속 올라갔다. 둘이 보여야 할 때가 지났는데 보이지 않았다. 한참을 더 갔는데 커다란 바위가 나타났다. 정상 아래 마지막 바위벽인 일명 피라미드다. 그 위에 올라선 순간 더 이상 움직일 수가 없었다.

첫눈에 '무택이구나' 하는 생각이 들었다. 가까이 가고 싶어도 발길이 떨어지지가 않는다. 눈에서는 나도 모르게 눈물이 쏟아지기 시작한다. 진정하고 일단 [···] 무전으로 확인부터 했다. 의상과 신발, 장갑 등 브랜드와 색상을 물어보았는데 무택이가 맞다. "아! 이렇게 높은데 있으면 어떻게 해!" 하는 원망이 순간 마음속에 꽉 차오르고 "이렇게 높이 있으면 구조를 어떻게 해!" 하며 울고 또 울다 정신을 가다듬는다. 나까지 죽을 수는 없다. [···] 다시 정상으로 향하는 나의 발걸음은 무겁기만 하다. 물 한 모금 마시지 못하고 여기까지 왔는데 산소도 다 떨어져 가는데··· 혼자는 죽어도 못 내려가겠고···(2004. 5. 22. 일기. 21일 내려와 22일 정리함.)

그곳에는 박무택이 외줄에 묶여 있었다. 그는 치질 때문에 늘 이마에 '내 천(川)' 자를 그리고 있었는데, 그 흔적은 어디에도 없고 아기가 단꿈을 꾸듯 미소를 머금고 있었다. 내가 앞질렀던 다른 외국원정대 팀들은 시신 앞에서 오열하고 있는 나를 무심히 지나쳐 갔다.

사진 세 컷 찍고 정신 차리며 그들을 쫓아가기 시작했다. 가다 보니 다시 내가 제일 앞장서 가고 있었다. 산소가 곧 떨어질 상황이라 한 걸음이라도 더 내디뎌야 했다. 산소가 바닥났을 때를 대비해 산소마스크를 입에서 떼고 숨을 쉬어 봤다. 수차례 시도해 보았지만 아무런 이상을 느끼지 못했다.

어느덧 정상에 서니 다른 팀 셰르파가 나의 정상사진까지 찍어주었다. 바로 하산하는데 바람이 날카로워졌다. 수천 개의 바늘이 동시에 날아와 얼굴을 찌르는 것 같았다. 산소는 바닥나고 양손 끝부터 저려 왔다. 올라오면서 잠시 마스크를 뗐을 땐 없던 증세였다.

동상에 걸릴까 봐 계속 팔을 털면서 걸었다. 빨리 걷고 싶지만 다리가 마음같이 움직여주지 않았다. 한 걸음 떼기가 힘겨웠다. 어느덧 두 번째 절벽 앞에 도달했다. 로프를 하강기에 걸고 내려오는데 분위기가 이상했다.

뒤를 돌아보니 다른 팀 셰르파들이 손짓 발짓 하며 야단이었다. 내가 잡은 로프 아래를 내려다보고 기겁했다. 내 뒤로 남은 로프 길이가 2미터도 채 남지 않았다. 끝이 잘린 로프를 잡은 것이다. 얼른 다른 로프를 움켜잡고 간신히 벗어날 수 있었다. 내 뒤에 오던 사람들이 하나둘 나를 앞질렀다. 혼자 남게 될까 봐 두려웠다. 눈앞에 움직이는 사람이 보여야 하는데 모두 나를 앞질러 휙휙 지나갔다. 몸은 무겁고 마음만 급해졌다.

가까스로 뒤따라 내려가는데 산소교환지점에서 셰르파 하나가 자기가 쓰던 산소를 주었다. 고글에 마스크를 쓰고 있어 얼굴도 알아볼 수 없었다. 레귤레이터를 돌릴 힘도 없어 산소통 교체까지 부탁했다. 두 시간은 쓸 양이었다. 4년 후인 2008년 마나슬루 등정 때 등반 중 그가 나를 알아봐 통성명을 하고 사진도 한 장 박았다. 셰르파가 아니라 겐지 곤도라는 이름의 일본 등반가였다.

2008년 마나슬루 등정 때 만난 겐지 곤도

최대한 빨리 걸어 조금이라도 더 내려갈 욕심에 발걸음을 떼어보지만 지친 몸이 좀처럼 회복되지 않았다. 산소는 다 떨어졌는데 반도 못 내려온 것 같았다. 오후부터 흐려지더니 눈발까지 날려 정신이 없었다. 살아야 한다는 일념과 마지막캠프까지는 가야 구조를 받을 수 있다는 생각으로 한 걸음 한 걸음 옮겼다. 나를 지나쳐 가는 셰르파들이 힘내라는 말만 해주고 가는데 야속했다.

멀어져가는 그들의 그림자 끄트머리라도 잡으려 안간힘을 썼다. 다시 날이 어두워졌고 내 뒤에는 아무도 없었다. 다시 랜턴을 켰는데 다행히 배터리가 남아 있어 불이 들어왔다. 앞서가는 사람 중 누군가가 뒤를 돌아볼 때마다 그의 랜턴 불빛이 새 이정표가 됐다.

'저 불빛을 놓치면 나는 죽는다.'

죽을힘을 다해 그들을 따라가다 어느덧 능선길 끝자락에 와 있고 저 멀리 마지막캠프가 희미하게 보였다. 반갑다기보다는 '어느 세월에 저기까지 가나' 하는 생각이 들었다. 행여 니마가 와주지 않을까, 내 불빛을 보고 마중 나와 주지 않을까 실낱같은 기대를 하며 소리쳐 봤지만 소용없었다.

내리막길로 접어들어 쓰러질 듯이 걸었다. 마지막캠프에 거의 와서부터는 서 있을 힘마저 없어 주저앉았다. 아무도 없고 앞서가던 불빛들도 모두 사라졌다. 저 멀리 텐트 불빛이 하나둘 켜질 때 울부짖으며 니마를 부르다 부를 힘마저 없어져 드러눕고 말았다.

마지막캠프 몇 십 미터 위에서 결국 나는 주저앉고 말았다. 이제는 죽는 한이 있어도 한 발짝도 움직일 수 없다. 니마를 부르며 욕설을 퍼붓다가 지쳐[앉아 있기도 힘듦] 드러누웠는데 그렇게 편하고 좋을 수가 없다. 이때 시간이 저녁 9시가 넘은 시간이다. "아! 모두 이러다가 가는구나" 싶었다. "그래서 무택이의 표정이 그렇게 편안해 보였구나" 하며 나도 모르게 잠이 들었다. 얼마나 잤을까. 어느 순간 불빛이 번쩍하더니 눈이 떠지고 깨어나는데 저 아래 랜턴 불빛 하나가 위로 올라온다. '드디어 셰르파가 오나 보다. 이제 살았다. 왜 저리 걸음이 느리나.' 몇 분이 10년은 되는 것 같이 길게 느껴졌다. 드디어 내 앞에 누군가 나타나 "썬! 괜찮으냐?"고 물었다. 옆 팀 텐트의 사다 가르마였다. (2004. 5. 22. 일기)

편안하고 포근해 그렇게 좋을 수가 없었다. 천국에 온 듯한 느낌이었다. 줄에 묶여 있던 무택이의 웃는 얼굴이 이해가 됐다. 나도 모르게 스르르 잠이 들었다. 얼마를 잤는지 모르겠는데 갑자기 불빛이 번쩍하고 얼굴을 스쳐 지나갔다.

순간 정신이 들어 일어나 앉았다. 순간 마지막캠프에서 랜턴 불빛 두 개가 양쪽에서 가까이 모이더니 그중 한 불빛이 나를 향해 올라왔다. 당연히 니마일거라 생각했다. 스위스팀 사다 가르마였다. "니마는 어디 갔느냐?"고 물으니 "전진캠프로 내려갔다"고 했다. 가르마는 내 배낭을 메고 나를 부축해주었다. 나는 몇 걸음 옮기지 못하고 주저앉았다. 그러기를 수십 차례 하면서 마침내 텐트에 도착했다. 가르마는 침낭을 덮어주고, 신발도 벗겨주며 따듯한 물을 마시게 해주고 산소까지 입에 물려주었다. 무전교신 할 겨를도 없이 나는 죽음과도 같은 깊은 잠에 빠져들었다.

  이튿날 새벽 6시 눈이 떠졌다. 밤새 걱정하고 있었을 계명대팀을 생각하니 정신이 번쩍 들었다. 얼른 무전기 꺼내 배터리를 분리하고 버너불에 배터리부터 녹였다. 다시 무전기에 배터리를 끼워 넣고 무전을 하니 기다렸다는 듯 아래 캠프에 있던 면이가 응답했다. 고마웠다. 전진캠프까지 내려갈 일이 꿈만 같았다. 밤사이 눈이 많이 내려 텐트가 반쯤 잠겨 있었다. 입구 쪽 눈만 털고 물을 끓이고 있는데 가르마가 따듯한 밀크티를 건네주었다. 눈물이 앞을 가렸다.

전진캠프에 도착해 위쪽에 자리잡은 인도팀에 들러 엄마하고 통화부터 한 후 텐트로 돌아왔다. 회사에서 전화가 왔다. 서울은 나 때문에 난리도 아니었던 모양이다. 다들 내가 잘못된 줄 알았다고 했다. 살았어도 심한 동상에 걸렸으리라 생각하고 대책회의까지 했다고 했다. 그들 덕분에 무사한 것 같았다. 불자인 엄마는 꿈속에서 아버지와 뒷산을 오르는데 시커먼 비닐로 덮여있는 물체가 있어 아버지가 낫으로 벗겨 보니 금빛 찬란한 불상이 나타났다고 했다.

기력이 없는 나는 아직 움직이기가 어려운 상태였다. 베이스캠프로 바로 내려가지 못하고 하루 더 전진캠프에 머물다 이틀날 내려와 철수했다. 국내에 돌아와 몸을 추스르는데 킬리만자로 등반을 함께했던 후배 정국향에게서 연락이 왔다.

어제 만난 국향이가 대산련과 Hymailayaz에 들어가 보라고 해 감을 잡고 들어가 보았다. 정상 갈 힘으로 구조 작업이나 하지 정상에는 왜 갔냐는 내용. 어이가 없다. 모르니까 이렇게 썼겠지 싶어 덮어 두려니 마음이 불편하다. 그렇다고 답변을 했다가는 인터넷이 난리가 날 거 같아 보고회 때 상세히 설명하기로 하고 당분간 잊어야겠다. 이제 원기가 조금 회복되는 거 같은데 이런 일로 정신적인 스트레스까지 받으면 나만 손해다 싶다. 잊고 싶다. 모든 것을. (2004. 6. 8. 일기)

화를 낼 기운도 없었다. 숟가락이 무겁고 입맛이 없어 밥이 목으로 넘어가지도 않았다. 비난을 주동한 사람은 박영석 대장이었다. 그와 술자리를 함께한 사람으로부터 들었다. 박 대장은 "어떻게 시신을 밟고 정상에 오를 수가 있느냐?"며 술자리에 모인 기자들 앞에서 나를 비난했다고 했다. 어이가 없었지만 참고 넘기는 수밖에 없었다. 박 대장에게 따져봐야 나에게 알려준 사람만 곤경에 빠뜨릴 것이 불 보듯 뻔했다.

죽음의 문턱을 넘나들며 하산을 마치고 온 나에게 쏟아진 비난을 어떻게 받아들여야 할지 생각할 기운이 없었다. 우선 내가 살고 봐야 했다.

엄마의 보살핌으로 서서히 몸이 회복됐다. 홀로 에베레스트 정상까지 오르고 살아돌아온 나는 8,000미터 봉우리에 대한 자신감이 붙었다. 내친김에 그해 안으로 7대륙 최고봉을 다 오르리라 결심했다.

어설픈 대장도 잘 따라준,
킬리만자로(5,895m)

처음으로 대장이 돼 팀을 이끌었다.
내가 받아온 것처럼 기선제압부터 하지 않았다.
특징을 살펴 의견을 수렴하고 반영하려 했다.
그들은 어설픈 대장을 잘 따라주었다.

2004년 8월 14일 저녁 8시 45분 인천공항에서 이륙해 뭄바이를 경유하고 16시간 30분 만에 케냐 나이로비공항에 도착했다. 1,600고지의 나이로비는 쌀쌀했다. 긴팔과 긴 바지로 갈아입고 입국수속을 마친 후 케냐와 탄자니아 국경지대 나망가로 향했다. 광활한 대지 위에 무언가 생동감 넘치는 것들이 있을 줄 알았는데 메마르고 무기력해 보이는 황량함뿐이었다. 실망스러웠다.

기내식이 입에 맞지 않아 아무것도 먹지 못해 배가 고팠다. 화장실에 갈 겸 휴게소에서 과자 두 개를 받았는데 7달러나 했다. 공산품을 전량 수입해 비쌀 수밖에 없다고 했다. 3시간 정도 달려 나망가에 도착해 탄자니아 입국비자를 받고 아루샤를 향해 달렸다.

탄자니아는 숲이 우거져 있었다. 맥없이 몸이 가늘고 긴 사람들이 있었다. 내 그림자를 아무리 길게 늘여도 그들만큼 가늘어지지는 못할 것 같은 긴 팔, 긴 다리, 긴 몸통으로 흐느적거리며 걷는 사람들이 인상적이었다. 간혹 한가로이 나뭇잎을 뜯어먹고 있는 기린 가족을 보니 아프리카에 있는 게 실감났다. 구름 속에 가려져 있던 산들이 모습을 드러내기 시작했다. 킬리만자로인가 싶어 옆에 있는 현지인에게 물어봤는데 아니라고 했다. 한 시간쯤 더 달리는데 저 멀리 파란 하늘 속에 눈인지 구름인지 구분이 안 가는 산 정상이 어슴푸레 나타났다.

킬리만자로였다. 조용필의 노래가 떠올랐다.

아루샤에서 하룻밤 머물고 이튿날 킬리만자로국립공원 입구인 마랑구게이트 관리소에 신고하고 만다라산장까지 이동했다. 낯선 풍경이 신기해 보였지만 두 시간 정도 지나니 비슷한 정글이 지겨워지기 시작했다.

간간이 만나는 외국인들 외에 움직이는 것은 우리밖에 없었다. 영화 <타잔>에서처럼 원숭이가 돌아다니고 날짐승들이 있을 줄 알았는데 우리나라 산에서 흔히 볼 수 있는 다람쥐나 청솔모 같은 것도 보이지 않았다. 을씨년스럽기까지 한 길을 혼자 걸으면 섬뜩할 것 같았다. 그래도 화사한 꽃들이 있어 위안이 됐다.

온종일 햇빛을 보지 못했는데 만다라에 도착할 때쯤 화사한 햇살이 우리의 입성을 반겨주었다. 따사로움도 잠시 구름이 몰려왔다. 하룻밤 머물 산상에는 외국인도 많이 와 있었다. 바로 옆 테이블에는 영국에서 온 여자 다섯이 식사하고 있었다. 인사를 건넸는데 한 사람이 한국말로 "안녕하세요?" 했다. 2년 전까지 강남에서 영어강사를 3년간 했다고 했다.

국내에서부터 여자 넷으로 구성된 우리 원정대에 대한 관심이 많았다. 인공위성중계를 하기로 했는데 어렵게 인공위성은 잡았지만 연결이 안 됐다. 만다라산장에 도착했을 때와 이튿날 오전에도 인공위성 송신을 시도했지만 연결되지 않았다. 아테

네올림픽 때문에 우리 차례까지 오지 않는 모양이었다.

킬리만자로 정상은 세 개의 봉우리로 이루어져 있다. 만다라산장에서 호롬보산장을 향해 40분 넘게 걸어가니 마웬지봉이 보이고 잠시 후 흰 눈에 덮인 키보봉이 나타났다. 왼편으로 제일 높은 봉이 '우후루피크'다. 히말라야처럼 코발트빛 하늘을 상상했었는데 뿌연 먼지 속에 있는 듯 시야가 시원스럽지 못했다. 뒤돌아보면 발 아래 깔린 구름바다가 인상적이었다. 시내에서 해를 볼 수 없었던 이유였다.

한 시간 간격으로 휴식하며 천천히 올랐다. 3,000미터를 넘기고 바로 4,000미터를 넘기기 때문에 몸을 고소에 적응시켜 컨디션을 잘 조절해야 했다. 서둘다 고소에 걸리면 등반이 어려워질 수 있었다. 등반하는 사람들 외에 살아 움직이는 생명체는 하늘 높이 날고 있는 까마귀 한 쌍과 어쩌다 보이는 이름 모를 작은 새가 전부였다. 우리나라에서는 볼 수 없는 꽃들과 희귀식물들 덕분에 무료한 줄 모르고 걸었다.

오후 3시 30분경 언덕을 넘자마자 호롬보(3,780m)산장이 나타났다. 작은 산장이 즐비했고 등반객과 포터들로 북새통을 이루고 있었다. 단독산장을 사용하고 싶었지만 모두 차 있어 도미토리산장에 자리를 잡았다.

도착하자마자 한 시간가량 위성전송을 시도했지만 실패했다. 저녁을 먹기까지 시간이 많이 남아 햇반과 컵라면, 장조림,

깻잎, 김치로 허기를 달랬다. 국향이가 몸살기가 있어 걱정스러웠다. 위성송신에 너무 신경을 쓴 모양이었다. 왠지 미안했다.

이튿날 키보(4,700m)로 떠나기 전 국향이는 새벽같이 일어나 재전송을 시도하고 있었다. 'Ready for call'이 나오면 희망을 걸었다 'Busy with call'이 나오면 실망하기를 반복했다. 위성전송은 포기하고 등반에 집중하기로 했다.

고소에 오면 일어나는 생리현상 중 하나가 기압이 내려가 몸속 압과 맞추기 위해 시도 때도 없이 나오는 방귀였다. 히말라야 등반 때는 간격을 두고 걷기 때문에 별 무리 없이 해결했는데 이번에는 가이드와 보조가이드가 바짝 뒤쫓아 왔다. 소리가 날까 봐 조심할수록 큰 소리가 나서 무안하기 이를 데 없었다. 더군다나 보조가이드가 젊고 잘생겼다. 참자니 등반이 어려울 것이고 시원스레 해결하자니 체면이 말씀이 아니었다. 그것도 여러 번 반복하니 무뎌졌다.

태양과 건조한 기후 때문에 숯덩이처럼 타들어 간 꽃과 나무, 빛을 잃은 화려한 자태가 신비롭기까지 했다. 이곳 8월은 겨울에서 봄으로 넘어가는 시기다. 파릇파릇 신록의 빛깔들이 온 천지를 물들이기 시작하고 있었다. 이 청량한 곳에 꽃들이 있어 소리 없이 숨 쉬는 킬리만자로의 생명력을 느낄 수 있었다.

끝없이 이어지는 여정에 인내심이 한계에 도달할 무렵 마지막 산장 키보가 나타났다. 모두 지쳐 있었다. 국향이가 제일 힘들어했다. 따듯한 차부터 마시게 하고 먼저 잠자리에 들게 했다. 나머지 셋은 한국에서 가져온 컵라면 두 개와 햇반 두 개로 저녁을 해결했다.

시끌벅적대는 다른 팀들 소리를 들으면서도 몸이 쉽게 일어나지지 않았다. 무거운 몸을 간신히 일으켜 따듯한 차 한 잔 마시고 산행을 시작했다. 칠흑 같은 어둠 속에 앞서가는 다른 팀들의 랜턴 빛을 이정표 삼아 한 발 한 발 내딛었다. 쏟아지는 졸음 때문에 꿈인지 생시인지, 내가 지금 무엇을 위해 이러고 있는지, 왜 저 꼭대기까지 꼭 가야 하는지 미궁 속으로 빠져들었다.

반기계적으로 오르고 또 올랐다. 여기 오기 전에 청소년 오지탐사대를 이끌고 멕시코의 5,000미터급 봉우리 3개를 등반하고 온 이상은 대원은 문제없이 잘 걸었다. 2001년 K2 등반 때 트레킹으로 따라왔던 후배 박시연도 전진캠프인 5,800미터 지점까지 고소 없이 씩씩하게 등반해 그다지 염려스럽지 않았다.

문제는 국향이었다. 지난해(2003년) 니레카 등반 때 국향이의 정신력을 보았기 때문에 어느 정도 확신은 있었지만 전날부터 계속 컨디션이 좋지 않아 걱정스러웠다. 이 속도라면 길만스포인트까지는 무난하겠지만 우후루피크(5,895m)까지 모두 갈 수 있을지 염려가 됐다. 길만스(5,685m)까지만 가도 등정증명서는 나온다. 우후루피크와는 다른 색깔이다.

나는 길만스포인트까지는 맨 뒤에서 따라가다 이후부터 앞장서기로 했다. 목표였던 넷 모두 우후루피크에 서는 것은 무리였다. 좀 더 힘을 냈으면 좋겠지만 고소가 의지대로 쉽게 움직여질 수 있는 곳이던가. 우리의 오름짓이 계속되는 동안 중도에 포기하고 내려가는 외국팀들이 하나둘 늘어갔다.

동트기 바로 전에는 손이 너무 시렸다. 겉장갑을 낀 상태에서 속장갑 속의 손가락을 빼내 주먹을 꼭 쥐어 온기를 손가락

끝으로 보내기를 반복했다. 미련하게 참다가 동상에 걸리기 십상이다. 곧 닿을 듯 보이는 스카이라인이 가도 가도 제자리였다. 인내심이 너 죽고 나 살자 식 오기로 변했을 때 길만스포인트에 닿았다.

오전 9시경 괜찮을 줄 알았던 막내 시연이가 노란 위액을 게워냈다. 국향이도 힘이 없기는 마찬가지였다. 우후루피크 정상까지는 두 시간이 넘게 남았다. 가이드는 그만 갔으면 하는 눈치였다. 그럴 수 없었다. 잠시 휴식을 취한 뒤 내가 앞장서기로 했다. 한 시간 정도 더 운행한 뒤 컨디션을 체크해 계속 갈지 돌아설지 정하기로 했다.

길만스포인트 위 능선 길은 완만했다. 길만스포인트까지가 힘든 코스이고 나머지 우후루피크까지는 산보하듯 느긋하게 경치 감상하며 가는 길이었다. 고소증세만 아니면 아주 즐거울 수 있는 곳이었다. 뒤를 돌아보니 상은이는 바로 뒤에서 바짝 쫓아오고 국향이와 시연이는 점점 멀어져 갔다.

11시 드디어 상은이와 내가 먼저 정상에 섰다. 시연이와 국향이가 함께 있지 못해 아쉬워하며 하산하는데 저 멀리 국향이가 포기하지 않고 올라오고 있었다. 다시 셋이 함께 정상으로 향했다. 증명서가 나오는 길만스포인트까지 전원이 올랐다.

위성중계 한다고 매일 노트북에 위성전화까지 들고 씨름하던 국향, 우리 팀의 추억거리를 남기기 위해 열심히 셔터를 누르던 상은, 막내로서 통통 튀는 위트와 재치로 분위기 메이커 역할을 충분히 해준 막내 시연. 이 세 사람이 있어 나의 킬리만자로는 외롭지 않았다. 석양에 물들어가는 킬리만자로의 뒷모습이 너무도 쓸쓸해 보인다. 왠지 언젠가 다시 와야 할 것만 같다. (2004. 8. 19. 일기)

7대륙 최고봉으로 목표를 정한 뒤 킬리만자로 등반에서 처음으로 대장이 돼 팀을 이끌었다. 여자후배 셋은 등반 경험은 나보다 못했지만 다른 모든 면에서 나보다 나았다. 대장을 처음 해보는 것이라 후배들을 어떻게 다루어야 할지 잘 몰랐다. 내가 받아왔듯이 강압적으로 기선제압부터 하고 싶지 않았다. 먼저 그들의 특징을 살피고 그들의 의견을 잘 수렴하고 반영하려고 노력했다. 다행히 그들은 어설픈 대장의 단점을 들추어내지 않았고 잘 따라주었기에 무탈하게 등반을 마칠 수 있었다.

2001년 K2 등반까지 나는 명령에 복종해야 하는 대원으로 남성들 사이에 끼어 의견 하나 내기 어려운 무기력한 들러리였지만 7대륙 최고봉을 목표로 등반하면서부터 주도적으로 산을 정하고 대원을 모집하며 그들과 어우러져 준비했다.

억겁의 기운을 받다,
빈슨매시프 (4,892m)

7대륙 최고봉을 마치면서 40을 앞두고
마음속에 남극 최고봉 빈슨매시프가 지닌 억겁의 기운을 받아
또 다른 도전에 대한 열정이 들끓기 시작했다.

빈슨매시프 4,892m ▲ 133

2004년 여름에 킬리만자로 등반을 마치고 오세아니아대륙 최고봉 코지어스코를 오르기 위해 11월 11일 시드니공항에 도착했다. 코지어스코는 해발고도 2,226미터로 스키장이 있었다. 낮은 고도였기에 가벼운 마음으로 마무리했다. 빈슨매시프는 나에게 7대륙 최고봉 중 마지막 산이었다.

2002년 엘부르즈를 시작으로 2003년 매킨리, 2004년 아콩카과, 에베레스트(단독), 킬리만자로, 코지어스코까지 등반을 모두 마친 상태였다. 그때까지 우리나라에서 7대륙 최고봉 등정자 중 여성은 없었다.

비용이 문제였다. 도움을 청하기도 전에 박영석 대장을 후원하던 LIG화재에서 나의 7대륙 최고봉 마지막 등반을 후원하고 싶다고 했다. 매스컴의 위력이 느껴졌다. 반면 회사 내에서는 박영석 대장과 부딪쳤다. 박 대장은 나의 원정계획서에 제시된 비용을 하나하나 들춰내며 태클을 걸었다. 어이가 없었지만 나의 주장이 받아들여져 다행히 두 명 정도 다녀올 자금이 마련됐다. 기자를 데려가야 할지 여자후배를 데려가야 할지 고민이 됐다. 후배를 키우는 것이 맞다고 판단했다.

12월 5일 지인을 통해 소개받은 여자후배 김영미와 남극 최고봉 빈슨매시프를 향해 출발했다. 경유지인 LA에서 함께 등반할 재미교포 김명준 선배와 합류했다. 김 선배는 LA에서 의류사업을 하고 있었다. 그곳에서 하루 체류하며 추가 장비를 구입했다. 재미한인회 산악회와 언론사의 성대한 환영식에 감사하며 7일 LA공항을 출발해 리마를 거쳐 산티아고에서 푼타아레나스행 비행기로 갈아탔다.

19시간 걸려 목적지에 도착했다. 남극에 들어가려면 '기다림의 산'을 넘어야 했다. 남극에 들어가는 비행기는 들어간 당일에 다시 나와야 하기에 날씨가 중요했다. 예정된 날짜에 들어가는 팀은 가뭄에 콩 나듯 했다.

12월 14일 화물수송기 '일루션'을 타고 남극 패트리어트힐에 도착했다. 일루션은 양날개가 잠자리처럼 약간 아래로 기운 모습이 웅장하고 무게감 있어 보였다. 중앙에 짐을 놓게 돼 있었고 양쪽 벽면으로 긴 의자가 놓여 있어 전투영화의 군인들처럼 일렬로 나란히 앉게 돼 있었다. 바닥에 투명창이 있어 비행하는 동안 바다를 볼 수 있었다. 후미로 타고 내릴 때도 후미로 나왔다. 비행기 구조가 다른 것만으로도 남극의 새로움을 맛볼 수 있었다.

패트리어트힐에서 경비행기를 타고 빈슨으로 날아갔다. 우리 팀은 나와 영미, 그리고 김명준 선배와 우리를 스폰하는 구자준 원정대장까지 넷이었다. 구 대장은 빈슨매시프 등반 시발점에 도착해 우리를 격려해 주고 다시 경비행기로 패트리어트힐로 돌아갔고 셋이 등반했다. 빈슨매시프 등반은 규정상 가이드를 고용해야 했다.

스코틀랜드 출신 여자가이드 헤더는 심통 맞고 사나웠다. 등반 방식도 참을 수가 없었다. 고소에서는 천천히 움직여야 한다. 안사일렌을 하고 움직이기 때문에 뒷사람이 느리면 앞사람이 속도를 늦추어 주거나 기다리면서 줄을 사려주어 뒤에 오는 사람이 줄에 걸리지 않게 해줘야 한다. 뒷사람이 빠르면 빠른 사람이 속도를 줄이거나 줄을 사려가며 나아가야 한다.

고소적응이 돼 있는 헤더는 바로 뒤에서 자신보다 느리게 걷고 있는 나를 계속 재촉했다. 나를 세게 잡아당기기까지 했다. 그러면 체력소모가 심해져 자신만 힘들게 된다. 헤더는 결국 크레바스에 다리가 빠져 내가 건져주었는데 우리 셋은 정상에 섰지만 혼자 낙오했다. 그곳에서는 우리 외에도 영국팀, 캐나다팀, 스페인팀까지 모두 네 팀이 움직이고 있었다. 다른 팀 멤버들이 돌아가 사무국에 헤더에 대해 얘기하겠다며 위로했다. 등반을 마치고 헤더가 해고됐다는 소식을 들었다.

　남극은 추웠다. 해만 떨어지면 영하 20도 아래로 쭉 내려갔다. 밤에는 기온이 더욱 낮아졌다. 등판에 매트리스 두 장 깔고도 추워서 옷까지 덧대고 누웠다. 하늘은 아름다웠다. 바로 옆 신(Shin) 봉우리도 환상적이었다.

　남극의 밤은 어둡지 않았다. 백야현상으로 잠시 해가 사라졌다가 다시 나타난다. 햇살이 비칠 때는 뜨겁다가도 구름이 끼면 급속도로 추워졌다. 등반 난이도는 높지 않았다. 12월 14일 베이스캠프에 도착해 중간중간 고소적응을 위해 하루씩 휴식하며 19일 정상에 올랐다.

　등반을 마치고 우리는 일주일 만인 21일 패트리어트힐로 돌아왔다. 그 좋은 곳에 힘들게 왔는데 가이드 한 명 때문에 내 기분을 망치고 싶지는 않았다. 남극의 얼음 맛이 궁금했다. 입안에 넣는 순간 차갑고 산뜻하면서도 기나긴 세월의 무게가 느껴졌다. 가볍지 않은 경쾌함이 입안을 가득 채웠다. 내친김에 우리끼리 자축하기 위해 남극 얼음에 소주를 타서 마셨다. 세상에서 가장 맛있는 온더락이었다.

　남극을 나가려면 비행기가 들어와야 하는데 며칠 동안 발이 묶였다. 지루함을 달래기 위해 하루는 패트리어트힐에도 올랐다. 크리스마스이브 저녁 8시 푼타아레나스로 돌아왔다가 하루 쉬고 이튿날 파타고니아국립공원으로 들어갔다.

인간은 자연 앞에 얼마나 미미한 존재인가. 한 번의 들숨이 천 년, 한 번의 날숨이 천 년인 듯 조용히 숨 쉬는 대지. 인간의 희로애락이 자연 앞에서는 얼마나 보잘것없는 사치인가. 자연을 중심으로 본 인간의 감정은 얼마나 하찮은 것인가. 넓은 남극 얼음과 눈으로 뒤덮여 있는 설원에서 빙원에서 나라는 존재는 움직이는 작은 점에 불과하다. 내 발 밑에서 열심히 움직이는 개미 같은 존재가 남극에서의 인간이 아닐까? 대륙은 조용히 숨 쉬고 조용히 움직인다.

(2004. 12. 26. 일기)

　7대륙 최고봉을 모두 오르면서 죽을 고비를 넘기고 살아돌아왔고 '국내 여성 최초 7대륙 최고봉 등정'의 영예를 안았지만 여전히 미래는 불투명했다. 40에 접어든 대부분의 여자는 결혼해 가정을 꾸리고 아이들 뒷바라지에 정신이 없었다. 나는 고독을 등에 지고 불안정한 생계 속에 있었지만 하고 싶은 일을 할 자유로움이 있었다. 유명해지기 시작하면서 많은 생각이 머릿속을 맴돌았다. 여전히 알 수 없는 나의 미래. 20대에도 30대에도 미래는 언제나 불확실했다. 어떻게 살 것인가, 무엇을 하며 살 것인가를 고민했고, 50, 60 이후의 나는 어떤 모습일지 꼬리에 꼬리를 무는 불안감 속에 삶과 죽음을 생각하는 시간이 많아졌다.

> 죽음. 다시 한 줌의 재가 된다는 것. 우리 인간은 무얼 위해 살고 죽는가? 삶과 죽음. 삶은 선택 없이 나에게 주어진 것이지만 죽음은 내가 선택할 수도 있는 것. 언제 죽더라도 후회 없는 삶을 사는 것이 중요하겠지. 나의 삶! 자기관리. 혼란스럽다. 누구와 의논하며 나아가야 할까? 어느 방향으로 가야 하나. 山악부에 가입했을 때의 나를 돌이켜보자. 그때의 순수 열정. 그것을 잊으면 안 되겠지. 외길인생. 山. 자연. 하늘. 땅. 바람. 생물이 존재하지 않는 땅. 남극. 눈과 얼음 돌로 이루어져 있는 곳. 그곳의 냉기를 높이는 건 인간애뿐. (2004. 12. 27. 돌아오는 비행기 안에서 메모)

뼛속까지 파고드는 냉기를 견디며 남극 최고봉에 오른 것은 밀린 숙제를 마친 느낌이었다. 산에서의 자유로운 즐거움이 목표 달성이라는 과제에 짓눌렸기 때문이었다.

빈슨매시프는 억겁의 시간을 품은 빙하로 뒤덮여 있는 곳이었지만 등반을 하면서는 헤더와의 실랑이 때문이었는지 그 신비함을 몰랐다가 오히려 등반을 마치고 돌아온 베이스캠프에서 축하주로 기울인 온더락 소주 속 얼음 맛을 통해 느낄 수 있었다. 청정하면서 신비롭고 깊은 풍부한 맛이었다. 경쾌하고 산뜻하지만 가볍지 않은 억겁의 세월만이 지닐 수 있는 기운이 느껴졌다. 그 기운을 받아 또 다른 도전에 대한 열망이 들끓기 시작했다. 2004년 한 해 5대륙 최고봉을 오르며 7대륙 최고봉을 모두 오르는 과정에서 세계 최고봉이자 아시아 최고봉인 에베레스트(8,848m)를 단독 등정한 후 히말라야 8,000미터 등반에 자신감을 되찾았다.

그러나 2005년 초 다리 부상으로 1년 8개월간 공백기를 갖게 됐다. 2월 5일 겨울만 되면 즐기던 스키를 타러 갔다. 2004년 폭풍이 휘몰아치듯 등반에 매진한 뒤 체력이 급격히 떨어진 상태였고 특히 다리 힘이 약해져 있었기 때문에 중급자코스에서 편하게 즐겼다.

돌아오기 전 마지막으로 상급자코스 한 번 타보자는 선배의 제안을 거절하지 못했다. 급경사 구간 통과 후 한숨 돌리며 제일 뒤에서 내려오는데 첫 번째 턴 동작에서 다리가 꼬이더니 왼쪽 스키 날이 오른쪽 정강이를 내리쳤다. 눈에서 불이 나고 다리는 불에 덴 것처럼 뜨끔했다.

패트롤이 다가와 진단하더니 뼈가 부러졌다고 했다. 앰뷸런스에 실려 서울 큰 병원으로 이송되는 중에도 뼈가 부러진 사실을 인정하고 싶지 않았다. 응급실에 누워 있는데 의사가 몇 번을 오더니 상태만 보고 그냥 들어갔다. 붓기가 빠지기를 기다린다 했다. 다시 자세히 살펴 달라고 했고, 의사는 붓기가 아님을 알고는 응급조치를 취했다. 수술을 마치고 회복하는 동안 많은 생각을 했다.

깁스를 한 채 7대륙 최고봉 보고회를 했다. 회사에서 준비해주는 것이어서 내가 할 일은 별로 없었다. 움직이기 불편해 활동량이 줄어들면서 여기저기 쑤셨다. 어깨 통증이 심해 전문병원에서 치료를 받아야 했다. 두 다리로 힘차게 걸어 다니던 때가 얼마나 행복했었는지 깨달았다.

> 단잠을 자면서 꿈을 꾸었다. 내가 하늘을 나는 꿈. 그냥 자연스럽게 앉아서 내 엉덩이 밑에 나무막대기 같은 것이 나를 받치고 있으면서 내가 원하는 방향으로 신나게 날아다니는 꿈이었다. 기분이 좋

다. 기분이 나쁘지 않은 꿈이니 좋은 꿈이라고 생각하고 싶다. 회사에서 좋은 일이 생기려는지 모르겠다. 이제 나태와 게으름을 치우고 좀 더 부지런히 내 할 일에 박차를 가해야겠다. (2005. 4. 8. 일기)

회복 후 도전의식이 다시 꿈틀댔다. 1997년 가셔브룸Ⅱ 등반을 위해 콩코르디아빙하를 지나며 본 K2에 반했고, 책을 읽고 한 번 더 반한 K2에 오르고 싶어졌다. '산악인을 위한 산'이라고 할 만큼 히말라야 8,000미터 이상 14봉 중에서도 가장 어려운 산이었다. 그것도 여성등반대를 꾸려 오르기로 했다.

의욕만으로 되는 것은 아니었다. 다리 부상으로 공백기가 있었기 때문에 나 자신부터 테스트해야 했다. 함께할 여자후배는 대학산악연맹에서 발굴하기로 했다.

아무에게도 따로 연락하지 않았다. 참 길고도 짧은 시간이 흘러가 버렸다. 이 기회에 나 자신 정리를 잘하고 책도 많이 읽으려 했었는데 아무것도 할 수가 없었다. 수술부위가 너무 쑤시고 아파서 어떤 일도 집중이 되지 않았다. 이제 조금씩 뭘 좀 해야겠다는 생각이 든다. 내 주변부터 천천히 정리해 나가야겠다. 그 동안 참 잘 쉬었다. 재충전의 시간이었다. 앞으로 어떻게 살아갈지 생각 좀 해보자. […] 이제 엎드려 이렇게 글도 쓸 수가 있다. 시간이란 참 신기한 것이다. 시간, 시간… 새삼 사람들은 무엇으로 사는지, 무얼 위해 사는지, 산다는 것이 무엇인지, 하는 생각이 든다. 정말 뭘까? 나는 무얼 위해 살고 있나? 왜 사는가? (2005. 3. 23. 일기)

절반의 성공,
시샤팡마(8,027m)·초오유(8,201m)

8,000미터 두 봉우리 연속등정 첫 시도에서
첫 번째 봉우리는 성공했지만 두 번째 봉우리는 실패했다.
기상악화나 사고가 아닌 머리 보온이 부실했기 때문이었다.
의류, 장비가 얼마나 결정적인지 깨달았다.

2006년 다리부상에서 회복되면서 K2를 향한 4단계 계획을 세웠다. 1년 8개월의 공백이 있는 자신을 점검하기 위해 8,000미터 봉우리 중 가장 낮은 시샤팡마 원정을 준비하면서 여자후배 발굴을 위한 아마다블람 원정 준비를 동시에 진행했다.

그때 '국내 여성 최초 7대륙 최고봉 등정자'라는 유명세에 힘입어 굿모닝신한증권(신한투자증권)으로부터 광고모델 섭외가 들어왔다. 모델료로 시샤팡마 등반 비용을 충당할 수 있게 됐는데 등반을 떠나기 바로 전 회사에서도 비용을 지원해주겠다고 했다. 그래서 시샤팡마에 이어 초오유까지 8,000미터 연속 등반을 처음 시도할 수 있었다.

시샤팡마 베이스캠프에는 나 외에 지방에서 온 팀도 등반 중이었다. 스페인 여성등반가 에두르네 파사반(Edurne Pasaban Lizarribar)도 입성했다. 14좌에 도전하는 그녀를 가까이서 보는 것만으로도 영광이라 생각했는데 그녀는 등반을 시작하고 얼마 되지 않아 포기했다. 이전 등반에서 걸린 발가락 동상이 재발한 것이었다.

전진캠프에서 캠프1으로 고소적응을 위해 올라가는 날이었다. 느낌이 이상해 고개를 드는 순간 손바닥 두 배 만한 얼음덩이가 두 쪽으로 갈라지더니 한 덩이가 나를 향해 날아오고 있었다. 배낭으로 받아치려 했는데 간발의 차로 낙빙이 내 팔꿈치를 스치며 옆구리를 강타했다. 순간 '헉!' 하고 숨을 쉴 수가 없었다. 너무 아팠지만 또 다른 낙빙에 머리라도 맞으면 끝장이라는 생각에 옆으로 이동했다. 잠시 진정한 후 그날 목적지인 캠프1까지 올라갔다 베이스캠프로 내려왔다.

옆구리가 쑤시고 아팠다. 갈비뼈 3대가 부러졌었는데 그때는 몰랐다. 불행 중 다행으로 이튿날부터 1주일간 눈이 내리기 시작했다. 1주일 동안 꼼짝 못 하고 누워 마사지했다. 열흘쯤 지나자 등반할 수 있을 정도로 몸이 회복됐다.

2006년 10월 13일 셰르파 틸렌과 함께 시샤팡마 정상에 섰다. 베이스캠프로 돌아오자마자 짐을 정리해 초오유로 향했다. 초오유에는 나와 셰르파 둘, 그리고 피디 한 명과 카메라맨 한 명까지 다섯밖에 없었다. 피디와 카메라맨은 나와 셰르파들을 쫓아오지 못했다. 그들은 베이스캠프에 눌러앉았고 셰르파 한 명도 몸이 좋지 않아 먼저 내려갔다.

루트를 아는 셰르파 틸렌과 10월 31일 정상을 향했다. 그날

따라 발이 시렸다. 발끼리 치고 피켈로 내리치면서 간신히 옐로우밴드를 통과했다. 발이 시린 것은 나아졌는데 머리가 시려 왔다. 결국 정상 30분 전 지점에서 돌아서야 했다. 8,000미터 위는 공기 중 산소함유량이 해수면의 1/3 이하로 줄어들고 기압이 낮아 신체활동에 악영향을 미치게 된다. 산소 결핍으로 뇌세포가 많이 죽게 되면 일상생활을 정상적으로 할 수 없게 될지도 모른다.

8,000미터 두 봉우리 연속등정 첫 시도에서 첫 번째 봉우리는 성공했지만 두 번째 봉우리는 실패했다. 기상악화나 사고가 아닌 머리 보온이 부실했기 때문이었다. 의류, 장비가 얼마나 결정적인지 깨달았다. 이후 등정용 의류만큼은 최고 품질을 선호하게 됐다.

선애와 단둘이,
초오유(8,201m)

초오유는 에베레스트 있는 쪽이 정상인데
날이 흐려 에베레스트도 보이지 않았다.
한참 후 일본 청년이 도착했다.
반가운 마음에 안아주었더니 흐느껴서 안쓰러웠다.
얼핏 본 에베레스트에 만족하고 하산을 시작했다.

2006년 가을 K2를 향한 1단계 목표였던 시샤팡마와 초오유 연속등정을 시도한 후 귀국해 훈련 중이던 아마다블람(6,856m) 원정대와 합류했다. 그 해 11월 그 원정대를 이끌고 다시 네팔을 찾았다. 원정대는 나와 재학생 일곱, 개별 합류 등반자 송귀화, 이성인과 카메라맨 한 명까지 열한 명이었다. 그 해 아마다블람에서는 캠프3 위에서 눈사태로 여섯 명이 사망하는 사고가 발생했다.

눈사태의 위협을 받으며 등반을 시작했다. 정상을 시도하던 날 캠프3 위의 정상 바로 밑에 있는 벽을 오르던 도중 낙석으로 우리 팀 사다 틸렌이 큰 부상을 입었다. 그 전에 우리 팀 훈련대장 이성재도 부상으로 활동이 어려운 상태여서 등반을 접어야 했다. 내가 대원들을 이끌어야 했는데 위험을 혼자 감수해야 하는 부담감을 안고 도전하기에 역량이 부족했다.

산은 어디 가지 않는다. 물러설 때와 돌진할 때를 구분하는 것이 중요했다. 등반은 성공하지 못했지만 홍대 산악부 출신 여자후배 김선애를 발굴하게 돼 K2를 향한 2단계 목표는 이루었다. 2단계를 마치고 7대륙 최고봉 등정을 마무리해야 했다.

7대륙 최고봉 등정은 두 가지다. 최초의 7대륙 최고봉 완등자인 미국인 딕 바스(Dick Bass)는 1985년 오세아니아대륙 최고봉 코지어스코를 등반하면서 7대륙 최고봉 등반 마무리했다. 그러나 이듬해인 1986년 캐나다인 패트 모로우(Pat Morrow)

가 파푸아뉴기니섬에 있는 인도네시아 최고봉 칼스텐츠를 오르면서 자신이 진정한 7대륙 최고봉 최초 완등자라고 주장했다. 7대륙 8개 봉을 올라야 뒤탈이 없었다. 2004년 7대륙 최고봉 등정 후 나는 칼스텐츠 등반을 시도했지만 번번이 좌절됐다. 2006년 11월 31일 오전 10시 칼스텐츠 정상에 서면서 7대륙 최고봉 등정을 완벽하게 마무리지었다.

2007년 봄 초오유(8,201m) 등반은 2006년 가을에 이어 두 번째 도전이었다. 이번에는 후배 선애와 둘이었다. 스폰서를 구하지 못해 둘이서 출발했다. 셰르파는 물론이고 쿡이나 키친 보이도 없었다. 수중에 있는 700만 원과 선애가 소속된 홍대 산악부에서 십시일반 모아준 800만 원을 합해 1,500만 원으로 등반해야 했다. 빠듯했지만 등반할 수 있다는 사실에 설레었다.

초오유는 네팔과 티베트 국경에 있는데 등반은 주로 티베트 쪽에서 한다. 지난번과 마찬가지로 카트만두를 출발해 국경지대인 코다리에서 출입국수속과 짐 통관을 마치고 며칠 동안 장무와 니알람, 딩그리를 거쳐 차이나 베이스캠프에 도착했다. 거기서부터는 걸어서 이동했다.

이튿날 미들캠프에서 하루 머물고 5,700미터에 위치한 전진캠프로 올라갔다. 베이스캠프에 도착한 날 밤엔 머리가 깨질 듯해 잠을 이루지 못했다. 바닥이 기울어 잠자리가 불편했는지 얼굴이 퉁퉁 부었다. 따듯한 물을 마시는 것 외에는 다른 방도가 없었다.

식사 때마다 가위바위보로 당번을 정했다. 캠프1까지 고도를 올렸다가 내려왔지만 컨디션은 좋지 않았다. 며칠 동안 눈이 내리고 움직이지 못하자 속까지 거북해져 잠자리에 들기가 더욱 힘들어졌다. 결국 침낭만 챙겨 미들캠프로 내려갔다. 그곳에서 이틀 밤을 잤더니 머리가 맑아지고 힘이 솟으면서 자신감이 붙었다.

텐트 안팎의 온도차로 생긴 성에가 아침이면 얼굴 위로 쏟아졌다. 온몸이 전율하는 찌릿한 기분으로 물부터 끓이고 아침을 준비했다. 주로 알파미나 컵라면이었다. 장비를 챙겨 움직이는데 이번에는 다리가 천근만근이었다. 뒤에서 누가 잡아당기는 거 같고 다리에 무거운 추를 달고 걷는 느낌이었다.

다음 캠프에 도착해 축축해진 삼중화 내피와 양말부터 벗어서 말렸다. 텐트 안은 건조하고 따듯해 잘 말랐다. 잠자리에 들면서 양말과 삼중화 내피를 침낭 안에 넣고 잤다. 그렇지 않으면 밤새 얼어버린다. 고산등반 때는 삼중화를 신는다. 보온 역할을 하는 내피와 발을 보호하는 단단한 소재의 외피, 추위·비바람·눈보라로부터 발과 다리를 보호해주는 게이터(gaiter)로 이뤄져 있다. 1990년대 중반까지만 해도 이중화를 신은 다음 게이터는 이중화 위에 별도로 장착했다. 게이터를 씌우고 벗기는 일은 젖 먹던 힘까지 써야 할 정도로 힘들어 에너지 소비가 많았다. 험한 등반을 하다 보면 이중화 앞부분 게이터가 벗겨져 보온력이 떨어졌다. 발가락동상에 걸릴 가능성이 높아졌다. 불편함을 개선하고 보온력을 높이기 위해 일체형으로 개발된 것이 삼중화다.

고산등반 중 체온 유지는 생명과 직결된다. 특히 수면 중 체온 유지가 중요하다. 나는 끓인 물을 날진통에 가득 채워 케이스에 넣은 다음 침낭 속에 넣어두었다. 침낭 안에 들어가면 날진통을 품고 언 몸을 녹이다가 잠잘 때는 발 아래에 두고 잤다. 밤새 침낭 속이 따듯하게 유지돼 깊은 잠을 잘 수 있었다.

   3,000미터가 넘어가면 24시간 모자를 써 머리를 보온해 주었다. 두꺼운 야크털모자를 쓰고 침낭으로 머리까지 푹 덮고 잤다. 머리에 시린 기운이 돌면 두통이 시작되기 때문이었다.

5월 3일 1차 정상시도를 했다. 전날 밤 10시부터 일어나 준비하고 0시 30분 출발했다. 선애는 마음이 부산해 보였다. 모든 것이 처음이니 그럴 수밖에 없었다. 선애는 아이젠과 씨름하고 있었다. 칼을 써서 간신히 해결하고 가쁜 숨을 내쉬었다. 안쓰러우면서도 귀여웠다.

'초오유 여신이여, 도와주소서!'

기도하며 발걸음을 뗐는데 캠프3에 도착하기 전 발가락이 시려 왔다. 지난해 등반 때 악몽이 떠올랐다. 피켈로 양쪽 삼중화를 사정없이 내리쳤다. 다리를 번갈아 앞뒤로 흔들어주며 혈이 돌게 해줬다.

캠프3에 새벽 4시 30분 도착했다. 텐트 한 동이 쳐 있었고 불빛이 새어 나오고 있었다. 따듯한 물 한 잔 얻어 마시고 들어가 발 좀 녹이게 해달라고 사정하니 자기네가 나오면 그때 들어오라고 했다. "고맙다" 하고 두 시간이나 기다렸다. 힘들어 하는 후배는 내려 보내고 혼자 발마사지 하고 그들의 뒤를 따라갔는데 금세 그들을 앞질러 올랐다.

등반하는 사람은 나뿐이었다. 지난해 등반 때 기억을 더듬어 루트를 찾아갔다. 눈 속에 파묻혀 있는 로프를 잡아당기며 오르다 보니 지난해 돌아섰던 자리에 도착했다. 오후 2시였다. 오후 2시는 히말라야에서는 '죽음의 시간'(dead time)이다. 구름이 몰려오기 시작했다. 무서웠다.

캠프3에서 먼저 출발한 남자가 내 뒤를 따라 올라왔다. 반가움에 계속 올라갈 것인지 물었다. 올라갈 거라는 남자의 대답을 듣고 따라가려는데 남자는 앞장서지 않았다. 언제 또 여길 오나 싶어 남자에게 앞장서 달라고 부탁했다. 남자는 50미터 정도 가다가 졸리다며 주저앉더니 내가 계속 올라갈 것인지 확인만 했다. 내 발자국만 따라오던 사람이 앞장설 리 없었다.

나는 내려가기로 결정하고 앞장섰다. 그도 내 뒤를 따라 내려왔다. 구축해 놓은 캠프2는 그대로 두고 다음에 올라올 때는 베이스에서 캠프2까지 하루에 올라오기로 했다. 하산 중에도 다음 K2 등반 준비를 염려하며 내려왔다.

"자기는 C3에서부터 움직였고 난 C2에서부터 움직였는데… 더군다나 지는 남자고 난 여잔데…" 미국 남자 하나 때문에 전체 미국 남자들이 욕을 먹는다. "아! 무사히 돌아갈 수 있을까? 끝까지 정신 놓으면 안 된다. 살아서 돌아갈 수 있다. 정신 똑바로 차리자. […] "하루 쉬고 가능할까? 그런데 시간이 없다. 빨리 돌아가 K2 준비해야 하는데… 아! 성공했다면 얼마나 좋았을까? 순풍에 돛 단 격이 됐을 텐데… 너무 초오유 여신을 우습게 보았나? 용서하시고 다음엔 꼭 길을 열어주세요." (2007. 5. 3. ~ 5. 4. 일기)

정상시도 실패 후 선애는 지쳐 있는 나를 위해 백숙을 만들어주었다. 쉬는 날 나도 선애를 위해 냉면을 만들었다. 하루 쉬고 이튿날 2차 정상시도를 위해 캠프1을 건너뛰고 바로 캠프2까지 올라갔다. 우리를 보고 먼저 와 있던 다른 팀들 눈이 동그래졌다.

캠프2에서 하루 자고 이튿날 캠프3로 텐트를 옮겼다. 선애는 힘들다며 캠프3에서 기다리겠다고 했다. 안타까웠지만 고

맡기도 했다. 만일의 경우 선애를 책임질 능력이 못 되기 때문이었다. 선애를 남겨두고 발걸음을 위로 향했다. 일본 청년 노부가츠 구리키가 움직이고 있었다. 내가 출발하고 뒤이어 불가리아팀 둘도 따라왔다. 옐로우밴드 전에 구리키를 앞질렀지만 곧 불가리아팀에게 추월당했다. 첫 시도 때 도착했던 지점을 지나 경사가 급해지는 부분에는 내려올 때를 대비해 준비해 간 픽스로프를 설치했다.

정상이 어딘지부터 살폈다. 초오유 정상은 워낙 넓고 평평해 흐린 날에는 어디가 어딘지 구분하기 어렵다. 에베레스트 쪽이 정상인데 날이 흐려 에베레스트도 보이지 않았다. 불가리아 등반가가 방향을 잡아 둘이 먼저 정상에 섰고 곧이어 나도 정상에 섰다. 날씨가 개면 에베레스트를 배경으로 사진 한 장 찍고 내려가려 했는데 개일 기미가 보이지 않았다.

한참 후 일본 청년 구리키가 도착했다. 반가운 마음에 안아주었더니 흐느껴서 안쓰러웠다. 에베레스트가 나타날 때까지 기다렸다가는 동태가 될 것 같았다. 50분 정도 기다리다 카메라에는 담지 못했지만 얼핏 본 에베레스트에 만족하고 하산을 시작했다. 올라올 때 설치해 놓은 픽스로프 덕분에 모두 신속하고 안전하게 탈출할 수 있었다.

선애와 단둘이 시도한 초오유 등반은 선애의 배려로 무탈하게 마칠 수 있었다. 2003년 7대륙 최고봉 중 북미 최고봉인 매킨리를 오를 때 함께할 여성등반가를 찾지 못해 결국 홀로 떠나기로 결심하면서 여성 단독 등반가의 길을 걷게 됐다. 그 경험은 다음해 아시아 최고봉이자 세계 최고봉인 에베레스트 등반을 홀로 준비하며 정상까지 단독으로 오르는 결과로 이어졌다.

에베레스트를 오른 해 킬리만자로와 코지어스코를 오르고 나서 억겁의 시간을 간직한 남극 최고봉 빈슨매시프까지 오르며 7대륙 최고봉의 대미를 장식했다. 3년이 지난 2007년 등반자금이 부족해 셰르파 없이 선애와 둘이서 8,201미터 초오유 등반까지 할 수 있는 역량이 되었다.

무산소의 자신감을 심어준,
K2(8,611m)·브로드피크(8,047m)

14좌에 대한 열정이 솟아나고 있었다.
여성산악인 둘이 10개 봉에 도전하고 있었다.
나는 K2를 마침으로써 5개 봉을 오른 상태였다.

K2 8,611m · 브로드피크 8,047m

산악회에서 10%를 떼 가기는 했지만 큰 금액이 해결되니 K2 원정 준비가 원활해졌다.

원정 준비에 박차를 가하던 5월 중순 히말라야에서 비보가 날아왔다. 박영석 대장이 이끈 원정대의 오희준과 이현조가 신 루트를 개척하던 중 눈사태를 맞아 추락사한 것이다. 유명을 달리한 둘 모두 함께 등반한 적이 있는 후배들이었다. 장례를 치르고 떠나는 것이 도리라 생각해 출국일을 늦췄다.

출국이 일주일도 남지 않았는데 이번에는 영원에서 제동을 걸었다. 성 회장이 많이 놀란 모양이었다. 나는 멈출 수 없었다. 대원들은 다니던 직장도 그만두었고 등반에 매진하고 있었다. 만약의 사고 때문에 등반을 접을 수는 없었다. 질주하던 말이 갑자기 멈추면 고꾸라져 더 크게 다칠 수도 있다고 생각했다. 고산등반은 사고가 날 수 있다는 전제로 움직이는 것이었다. 등반가가 사고 날 것이 두려워 등반을 포기하는 것은 있을 수 없는 일이었지만 입 밖으로는 논리정연하게 나오지 않았다.

영원 정상욱 상무는 내년으로 연기해 달라며 집요하게 발목을 잡았다. 떠나는 날까지 매일 30분 이상 전화에 시달렸다. 결국 사고가 나면 사표를 수리해 달라는 말만 남기고 파키스탄 이슬라마바드로 향했다. 정신없이 등반 준비를 하고 있는데 서울에서 국제전화가 걸려왔다. 이번에는 노스페이스 김형우 과장이었다. "사표를 어디에 맡겼느냐?"고 물었다. 현지에서 고생하고 있는데 꼭 그래야 하나 싶어 화가 머리끝까지 차올랐다. "대필해 내라" 하고 전화를 끊어버렸다.

직장을 잃었으니 귀국해 먹고살 걱정까지 안게 됐지만 더는 시달리지 않아도 돼 홀가분했다. 등반에 집중하기로 했다. K2

등반은 6년 만이었다. 우리 팀은 나를 비롯해 초오유 등반 때 함께한 선애와 막 전역한 학교후배 백동민, 영어가 능통한 베이스캠프매니저 김진아까지 한국인 네 명과 네팔에서 데려온 셰르파 둘까지 여섯 명은 정예 멤버로 의사와 기자는 트레킹 멤버로 허가를 받았다. 파키스탄에서 등반할 때는 셰르파들도 명단에 넣어 등반허가를 받아야 했다. 파키스탄 정부에서 파견한 정부연락관도 동행했는데 등반은 하지 않고 베이스캠프에 머물면서 문제가 생기면 해결하고 때로는 도움을 주기도 했으나 궁극적으로는 감시자 역할이었다.

  6년 전과 많은 것이 달라졌다. 안 좋은 점은 야영지마다 야영비를 받는 것이었고, 좋은 점은 예전보다 도로가 잘 정비돼 있어 이동이 빨라졌다는 것과 야영지에 화장실과 샤워시설이 생겨 카라반 동안 한결 쾌적해진 것이었다.

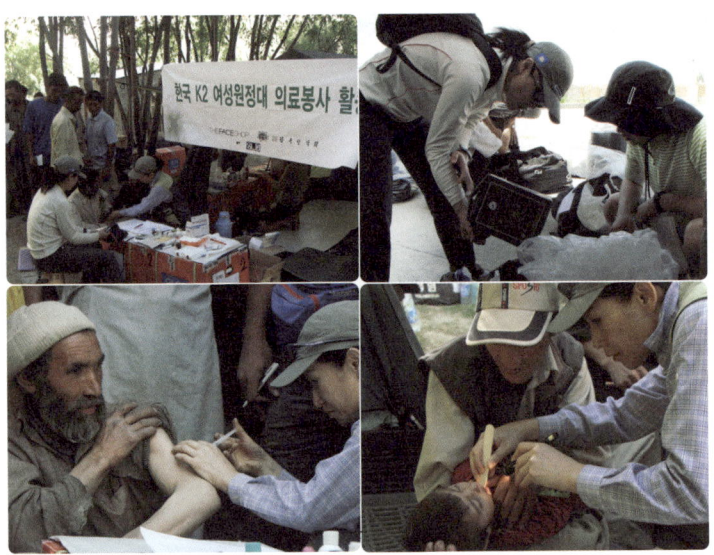

 카라반 첫날 졸라브릿지로 가는 도중 기자가 뻗어버렸다. 고소 경험이 없어 혼자 내려 보낼 수도 없었다. 저녁식사를 굶기는 방법을 썼다. 고소증세로 힘들어하는 후배들에게 자주 써 먹던 방법이었다. 효과가 괜찮았다. 이튿날 증세가 호전돼 목적지에 무사히 도착했다. 빙하지대에 들어가기 전 머무는 빠유에서 고미영을 만났다. 매니저 김재수도 함께 있었다.

　나는 K2를, 그들은 맞은편 브로드피크를 등반할 계획이었다. K2 베이스캠프와 브로드피크 베이스캠프는 2시간 거리여서 자주 만났다. 카라반 도중 날씨 때문에 야영지에서 하루 더 머물게 돼 조급해졌지만 다행히 별일 없이 7월 2일 베이스캠프에 입성했다.

　베이스캠프를 구축하고 라마제를 지낸 후 K2 메모리얼에도 다녀왔다. 첫 운행 전날은 잘 할 수 있을지 염려가 됐다. 운행 첫날부터 캠프1까지 올라갔다가 자고 내려왔다. 보통은 고소적응차 올라갔다가 바로 내려간 다음 두 번째에 자면서 고소적응을 하는 것이 극지법의 정석이다.

 한 번에 고도 1,000미터를 올린 것도 모자라 잠까지 자고 내려온 것은 5월 초오유 등반을 하면서 몸이 고소적응이 돼 가능한 일이었다. 고산등반에서 고도는 하루에 500미터 이상 올려선 안 된다. 급격한 환경 변화는 몸에 치명적인 손상을 줄 수 있기 때문이다.
 K2 베이스캠프에는 전 세계에서 모여든 등반팀들로 북적였

다. 부산시 지원으로 14좌 등반을 하는 팀도 있었다. 하루는 캠프1에 다녀오고 날씨 때문에 베이스캠프에서 휴식을 취하는데 부산팀이 우리 팀과 김재수팀을 점심식사에 초대했다.

식사 후 홍보성 원정대장은 자신들이 가장 먼저 베이스캠프에 들어와 캠프2까지 거의 모든 루트 개척을 했다며 다른 외국팀들을 무용지물로 만들어 버렸다. 이야기를 듣는 내내 마음이 불편했다. 내가 경험한 우리나라 남자 산악인들의 특징 중 하나였다. 반면교사로 삼기로 했다.

> 자연 앞에 절대 강자가 어디 있는가? 먼저 들어와 애쓴 보람이 없어 보였다. 모두에게 인정받아야 진정한 실력이지. 자신들만이 내세우는 게 무슨 실력일까? 겸손이라는 단어가 새삼 떠오르는 날이다. 그러면 나는 겸손한가? 되물어본다. 모르겠다. 여러 가지 실타래처럼 엉켜 있는 내 머릿속과 마음속의 잡념들부터 몰아내고 생각하자. 연이은 좋지 않은 날씨는 나에게 반성과 재정비 할 시간을 주는 거 같다. 역시 자연은 위대하다. 나의 몸과 마음의 자유를 위해 K2신께 기도드린다. (2007. 7. 8. 일기)

전날 내가 첫 운행부터 캠프1에서 자고 내려온 것이 못마땅해 하는 말이었음을 짐작했다. 자신들이 설치해놓은 로프를 이용해 한 번에 고소적응 하고 내려오니 못마땅했을 것이다.

며칠 휴식 후 등반이 재개됐다. 부산팀은 급물살을 가르듯

캠프4까지 고도를 올렸다. 얼마 지나지 않아 악천후로 내려왔다가 다시 올라갔을 때 모든 것이 눈 속에 파묻혀 다시 올려야 하는 상황이 벌어졌다. 그 사이 나는 셰르파와 우리가 옮길 짐을 나누어 한 캠프씩 고도를 올렸다. 정상 갈 때 쓸 산소를 한 통씩 지고 옮기는데 지난번보다 덜 힘들었다. 고소적응이 순조롭다는 의미였다.

K2 8,611m · 브로드피크 8,047m

언제부턴가 내려갈 때가 무서워졌다. 책임질 대원이 있다는 것도 큰 부담이었다. 다행히 선애와 동민은 고소적응이 순조로웠고 하산도 곧잘 해 고마웠다. 진아는 식혜까지 만들어 응원해 주었다.

7월 12일 브로드피크팀 고미영과 김재수가 정상에 섰다는 호보를 들었다. 나도 빨리 끝내고 싶었다. 16일 1차 정상시도를 위해 베이스캠프를 출발하기 전 제단 앞에서 무사 등반을 기도하는데 뜨거움이 울컥 밀려왔다. 눌러두었던 힘겨움이 복받쳤다. 고도를 높여 캠프를 올리는데 다리가 천근만근이었다.

동민은 머리가 아프다며 먼저 내려갔다. 선애와 나는 마지막캠프까지 별 탈 없이 올라갔다. 그때부터 고민이 시작됐다. 선애의 상태가 신경쓰였다. 나보다 덜 힘들어 하는 거 같기도 했지만 신뢰가 가지 않았다. 8,000미터 봉우리를 두 번째 등반하는 선애가 자신의 상태를 제대로 판단하기는 어려울 것 같았다. 마지막캠프에서 등반을 멈추게 했다. 마음이 아프고 미안했지만 감정보다 사고 방지가 중요했다.

날씨 때문에 출발하지 못하다 7월 20일 오전 1시 30분 칠흑같은 어둠 속에서 정상을 향해 출발했다. 가장 어려운 곳이 보틀넥 구간이었다. 경사가 심해 고정로프를 설치하며 올라가야 했다. 나와 셰르파 틸렌, 밍마, 부산팀 김창호, 김진태와 그 팀의 셰르파 셋이 섞여 오르고 있었다. 틸렌과 밍마가 앞장서 루트를 찾아갔다. 그 뒤를 창호와 진태가 가고 내 앞에는 부산팀 셰르파 니마노루가 가고 있었다. 보틀넥 구간 초입을 지나자 경사가 급해지기 시작했다. 그때까지 고정로프는 설치하지 않았고 모두 각개전투로 올라가고 있었다.

어둠을 뚫고 갑자기 위에서 "낙석(rock)!" 하는 소리에 고개를 들어 확인했다. 손바닥보다 큰 납작한 돌덩이가 빠른 속도

로 내가 서 있는 방향에서 오른쪽으로 휘어지며 굴러오고 있었다. 돌의 방향을 확인하고 가만 서 있었는데 바로 내 앞에 있던 니마노루가 왼쪽으로 후다닥 움직였다. 그리고는 미끄러지더니 천길 낭떠러지 아래로 추락했다. 순식간에 벌어진 일이었다. 한없이 굴러 떨어지는 그의 모습을 멍하니 바라보고만 있었다. 산과 허공의 경계선 부근에서 그의 몸이 튕기면서 몇 바퀴 구르더니 사라져버렸다.

셰르파들은 장비비를 받아도 새 아이젠을 사지 않는다. 아이젠 발톱이 닳아 뭉툭해질 때까지 신는다. 그들의 낡고 헐은 아이젠을 보며 '셰르파의 안전이 곧 나의 안전'이라고 생각했다. 그래서 국내에서부터 그들을 위해 신형으로 새것을 준비해 갔다. 나는 셰르파에게 의지하는 부분을 최소화하려고 노력했다. 그들의 안전을 위해 해줄 수 있는 범위에서 마음을 썼다.

니마노루의 추락으로 나는 몸이 돌처럼 굳었다. 한 발짝이라도 내디뎠다가 나도 천길 낭떠러지로 사라질 것만 같은 공포에 휩싸였다. 순간 외국팀 등반가들이 나를 향해 무어라 불평하며 앞질러갔다. 얼마 지나 창호와 진태 얼굴이 나타나 조금 진정됐다. 그들을 보면서 정신이 돌아왔다. 사고 수습은 다른 사람들이 하고 둘은 계속 등반하기로 했다고 했다.

정신을 차린 나도 등반을 계속했다. 산소를 마시며 오르는데 머리가 쿡쿡 쑤시기 시작했다. 산소마스크를 벗으면 머리

쑤시는 증세가 좀 나아지는 것 같았다. 그러다가 산소를 마시지 않으면 큰일날까 봐 다시 마스크를 썼다. 그러면 다시 머리가 아파 벗고 쓰기를 반복하며 올랐다.

시간이 지나 햇살이 비추고 몸이 따듯해졌을 때부터는 산소 마스크를 벗고 올라갔다. 이때 경험은 8,000미터 봉우리를 무산소로 도전하는 밑거름이 됐다. 아무리 가도 끝이 보이지 않았다. 선두에서 루트를 만들며 가는 사람들이 존경스러웠다.

어느덧 고정로프도 끝나고 경사는 누그러졌지만, 그때부터는 맨몸으로 올라가야 했다. 그 구간부터는 사방이 낭떠러지여서 내려올 때가 걱정됐다. 미끄러지면 그대로 저승이었다. 힘은 들었지만 내 상태는 양호한 편이었다. 그 순간에도 목숨을 걸 만큼 이 산이 그렇게 중요하고 좋은지 자문했다. 살아서 돌아가야 한다는 일념으로 올랐다. 앞 사람들이 가는 곳까지만 가보자 생각했다. 계속 오르니 더 이상 오를 곳이 없었다. 오후 3시 26분. 정상이었다.

그날 등반의 특별한 일 중 하나는 정상에서 인터넷생중계를 시도한 것이었다. 어느 팀도 시도한 적 없는 일이었다. 노트북처럼 생긴 단말기 화면을 터치하기 위해서는 맨손이어야 했다. 장갑을 벗고 맨 손가락으로 작동을 시도했다. 서울과 위성통화를 한 후 카메라를 돌려 정상 풍경을 영상으로 보냈다. 나중에 국내에 돌아와 물어보니 내 얼굴만 크게 한 번 나오고 말았다고 해서 실망이 컸다.

　나보다 먼저 정상에 선 부산팀 대원들과도 기념촬영을 하고 하산을 시작했다. 올라오는 사람들로부터 축하인사를 받으며 발걸음을 옮겼다. 어디서 나오는지 모를 또 다른 에너지가 내 안에서 솟아나고 있었다.

　하산부터가 진짜 등반이다. 대부분 사고가 하산 도중 일어나기 때문이다. 그래서 오를 때 전력을 쓰면 안 된다. 내려올 에너지를 남겨두어야 한다. 마지막캠프까지 내려오는 동안 긴장의 끈을 늦출 수 없었다. 한 발만 헛디디면 끝장이었다. 가장 위험한 보틀넥구간을 통과하고 긴장이 풀렸다. 정상에 같이 올랐다 먼저 내려온 틸렌이 보틀넥구간이 끝나는 지점에서 나를 기다리고 있었다. 함께 마지막캠프로 돌아왔다.

　내려가는 길이 걱정이다. 차분히 한 발 한 발 내딛어야지. 실수하지 말아야지. 정신 똑바로 차려야지. 꼭 살아서 돌아갈 거야. 참 힘들다. 하산길이 왜 이리 머나. 미치겠다. 드디어 고정로프[보틀넥구간]까지 왔다. 이제 좀 안심이다. 덜 긴장해도 되지만 역시 캠프까지는 가야 안심이다. [···] 아직도 올라오는 사람들이 있다는 사실이 놀랍다. 저들은 이 늦은 시각에 무엇을 위해 저렇게 열심히들 올라오고 있는 걸까? 늦을 텐데··· 위험할 텐데··· 모처럼 온 좋은 날씨라 다들 기를 쓰고 가는구나! 그들의 축하를 받으며 살기 위해 난 또 열심히 정신 똑바로 차리고 내려온다. (2007. 7. 20. 일기, 베이스캠프에 돌아와 씀)

　마지막캠프에 오니 먼저 내려가라고 했던 선애가 기다리고 있었다. 반갑기보다 걱정이 앞섰다. "이튿날은 날씨가 더 나빠진다는데 왜 안 내려갔느냐?" 물었더니 "아래 엄청난 바람이 불어 엄두를 내지 못했다"고 했다.

　우려대로 이튿날 아침부터 눈바람이 강하게 불어댔다. 시계가 4~5미터밖에 안 됐고 사방팔방 아래위에서 휘몰아쳐 살갗을 파고 들어왔다. 길을 잃을까 앞사람만 보며 내려가는데 뒤에 오는 선애가 걱정돼 내 앞에 서게 했다. 부산팀의 키 큰 지우 씨가 선애와 자신을 로프로 연결했다. 내가 못하는 일을 그가 대신 해주니 고맙고 든든했다. 속도가 느린 두 사람을 따라 내려가며 점점 지쳐갔다.

　마침내 캠프3가 시야에 들어오고 10분 거리도 안 남았을 때 '이 정도면 먼저 가도 괜찮겠지' 하고 두 사람을 앞질러 내려왔다. 캠프3에 도착해 휴식을 취하며 기다리는데 10분이 지나고 20분이 지나도 나타나지 않았다. 셰르파들과 함께 그들의 이름을 부르며 사방팔방 찾아보았지만 반응도 흔적도 없었다.

1시간, 2시간, 3시간… 불길한 예감으로 속이 타들어 갔다. '조금만 더 참고 뒤에서 올 걸' 하는 후회가 막심했다. 먼저 내려온 부산팀 김창호 대원이 11시 10분경 왼쪽에서 이상한 소리가 나는 것을 들었다고 했다. 그곳은 천길 낭떠러지로 이어지는 곳이었다. 순간 눈물이 쏟아졌다.

선애의 산악부 사람들을 어떻게 보나 싶었고 무엇보다 선애 부모님을 생각하니 몸서리치게 괴로웠다. 도저히 혼자 내려갈 수가 없었다. 혹시 모르니 캠프3에 하루 더 머물기로 했다.

같이 정상에 올랐던 틸렌과 밍마는 먼저 내려가라 하고 혼자 남았다. 비명소리를 들었다는 부산팀 김창호도 같이 남겠다고 했다. 지루한 시간이 흘렀다. 배가 고프기 시작했다. 새벽에 출발할 때 간단히 먹고 그 시간까지 아무것도 먹지 못했다.

간식으로 챙겨온 오징어와 김치를 먹으며 기다리는데 오후 4시가 다 됐을 때 사라졌던 둘이 아무 일 없었다는 듯 나타났다. 반가움은 잠시였고 악을 쓰며 "선애야~"를 외쳤다. 욕설이 나오지 않은 게 다행이었다. 전후 사정은 이랬다. 뒤에 따라오던 선애가 미끄러지면서 로프를 묶고 앞에 가고 있는 부산팀 지우 씨를 덮쳐 같이 미끄러져 떨어지게 됐는데 다행히 크레바스 위쪽에서 멈춰 섰다는 것이다. 시야가 트이길 기다렸다

그제서야 도착한 것이었다.

더 내려가 고도를 낮추는 것이 좋기 때문에 우리는 캠프2를 향해 내려갔다. 절대 선애를 앞지르지 않겠다는 각오로 내려가는데 이번에는 다리가 부러진 미국 친구가 앞에서 더디게 내려가고 있었다. 캠프2 위 구간 중에 5~6미터짜리 고정로프가 없는 구간에서 칼을 빌려달라고 했다. 배낭 안에서 아미나이프를 찾아 건네주고 그냥 내려왔다. 우리 팀 상황도 만만치 않아 더 도와줄 수 없었다.

간신히 캠프2에 도착했지만 모두 지쳐 있어 이튿날 내려가기로 했다. 부산팀 지우 대원이 어찌나 자상하게 챙겨주는지 고마웠다. 그때까지는 그가 선애에게 마음이 있다는 것을 몰랐다. 귀국 후 둘은 결혼했다.

7월 20일은 이번 시즌 K2 첫 등정 일이었고 이날 정상에 오른 순서는 러시아인 둘 - 부산팀 둘 - 러시아인 둘, 그리고 내

가 일곱 번째로 정상에 섰다. '행운의 7'이었다. 7월 2일 베이스캠프에 입성하고 18일 만에 K2 정상에 서게 된 것이었다.

회사 일로 고통 받은 데 보상을 받은 것 같았다. 8,611미터 K2 정상에서 맨손으로 기계를 작동할 수 있을 정도의 날씨는 평생 두 번 다시 오지 않을 행운이었다. K2 등반을 마치고 브로드피크로 향했다. K2 등반을 신청하면서 브로드피크 등반

신청도 해두었었다. 8,000미터 연속등반 두 번째 시도였다.

　　2006년 시샤팡마와 초오유를 연속 시도했다가 초오유는 정상 30분 전 지점에서 돌아섰었다. 이번에는 성공하면 좋겠다는 마음으로 브로드피크를 향해 출발했다. 예정에 없던 부산팀도 내가 연속등반을 한다고 해서 정부연락관을 통해 등반허가를 받아냈다. 부산팀과 브로드피크로 향했다. K2 등반으로 고소적응이 돼있는 나는 첫날 브로드피크 베이스캠프를 지나 벽에 붙기 전 위치에 전진캠프를 구축했다. 이튿날 캠프1을 건너뛰고 캠프2로 오르는데 다리에 힘이 없었다. 낙빙까지 정신없이 날아와 무서웠다.

7월 30일 마지막캠프로 올라가는데 몹시 추웠다. 특히 손이 시려 애를 먹었다. 능선에 올라섰을 때는 정상 갈 때 입는 우모복을 꺼내 입어야 했다. 밤 12시에 출발할 예정이었지만 바람이 심해 출발하지 못하고 계속 잠을 청했다. 7월 31일 틸렌이 아침부터 내려가자고 성화를 부렸다. 나는 내려갈 마음의 준비가 안 된 상태였다. 그는 이란팀이 포기해 내려갔고 자신도 허리와 팔꿈치, 무릎이 아프다고 하소연했다. 엄살 같았다.

그에게 먼저 내려가라 하고 하루 더 날씨를 지켜보기로 했다. 그날 밤 저녁을 먹고 9시쯤 정상을 향해 출발했다. 부산팀도 함께했다. 마지막캠프를 출발해 오르는데 운무가 짙어지기 시작했다. 앞에 가는 부산팀 김진태와 김창호 둘의 속도가 나보다 빨랐다. 얼마 지나지 않아 둘 다 내 시야에서 사라졌다.

정상으로 이어지는 능선 아래 가파른 구간을 오르는데 한 치 앞도 볼 수 없을 만큼 운무가 짙어졌다. 속도가 너무 느려 무리라는 생각이 들었다. 포기하고 내려오는데 미련이 자꾸 나를 위로 잡아당겼다. 발길을 돌려 비탈을 올라가기 시작했다. 가도 가도 끝이 없었고 어딘지 분간도 되지 않았다. 눈까지 내리니 올라온 내 발자국까지 사라져 겁이 났다. 다시 발길을 돌렸다. 나의 브로드피크 등반은 이렇게 막을 내렸다.

나는 시샤팡마, 초오유에 이어 두 번째 연속등정 실패를 경험했다. 하지만 날씨만 도와주면 다음에는 성공할 수 있겠다는 확신을 얻었다. 꿈이었던 K2 등정을 18일 만에 성공하고 돌아왔지만 나를 반기는 건 백수 신세뿐이었다.

자신감은 넘쳤다. 14좌에 대한 열정이 샘물처럼 솟아나고 있었다. 바로 인터넷검색을 했다. 세계 여성산악인 둘이 9개 봉을 마치고 10개 봉에 도전하고 있었다. 나는 K2를 마침으로

써 5개 봉을 오른 상태였다. 여성 14좌 완등은 아직 끝나지 않은 일이라 생각했다. 시즌별로 2개봉씩 연속으로 1년에 6개 봉우리를 도전해 보리라 생각했다. 14좌를 완등하는 여성 세 번째 안에는 무난히 들 수 있겠다는 생각과 남녀 통틀어 20위 안에 들고 싶었다. 실패할 상황까지 고려해 2010년까지 14좌를 완등하겠다는 계획을 세웠다.

첫 연속등정,
마칼루(8,463m)-로체(8,516m)

넘어가 보니 또 봉우리가 있었다.
그곳이 진짜 정상이었다.
간신히 사진 찍고 지옥과도 같은 하산을 시작했다.
정상 하늘은 뿌옇게 흐려 있었다.
마칼루 여신은 정상에 설 영광만 주고
세상은 보여주지 않았다.

2008년 3월 17일 저녁 9시 인천공항을 출발해 방콕을 거쳐 이튿날 오후 카트만두 트리부반공항에 도착했다. 네팔로 들어가는 비행기 좌석번호가 '4'가 두 개 겹친 '44A'였다. 2004년도 에베레스트 등반 때는 연도에 4가 들어 있었고, 정상에 오르게 되면 우리나라 여성 중에는 네 번째 완등자가 되는 것이었고, 7대륙 최고봉 중 네 번째로 시도하는 것이어서 4가 여러 번 겹쳐 위로 받았었다.

> 방콕에 이튿날 새벽 1시쯤 도착. 오전 10시 45분 카트만두행 비행기에 몸을 싣는다. 무심히 티켓을 보는데 좌석번호가 "어! 44A다. 44!" 행운의 4가 하나도 아니고 둘씩이나? 와! 이번에 모두 성공할 듯싶다. 들뜨지 말고 차분히 하자. 김칫국부터 마시지 말자. 무비자로 왔더니 기다리는 시간이 너무 길다. (2008. 3. 18. 일기)

마칼루는 1999년 가을에 등반해 보고 두 번째였다. 카트만두에서 행정 절차와 식량 장비 추가 구입 등 등반 준비를 마치고 4월 5일 전세기로 칸드바리(Kandbari, 410m)로 이동했다. 도착한 마을의 낯설고 지저분한 집에서 점심을 먹으며 지프를 기다리는데 외지에 고립된 느낌이었다. 맑고 따뜻한데 기분은 정반대였다. 혼자서 긴 여정을 탈 없이 마무리지을 수 있을지 겁 없이 덤벼들었나 걱정이 앞섰다.

지프 2대를 이용해 툼링타르(Tumlingtar, 1,040m)로 이동해 여장을 풀었다. 1999년 가을보다 마을 규모가 좀 더 커진 것 같았고 장이 설 만한 커다란 광장이 들어서 있었다. 눈에 익은 지역이 나타나니 불안이 진정됐다. 이튿날은 새벽부터 움직였다. 조금 피곤했지만 경치는 더할 나위 없이 아름다웠다.

눔(Num)에 다 와서는 무지개까지 나타났다. 현실 세계가 맞나 싶을 만큼 황홀했다. 좋은 징조라는 생각에 히말라야 신에게 힘을 주십사 빌었다. 간간이 내리는 비 덕분에 더위에 지치지 않고 눔에 도착했다. 칸드바리에서 보트바쉬까지는 길이 넓어져 지프로 이동했고 보트바쉬부터는 걸어야 했다. 길도 9년 전 가을에 왔을 때보다 네댓 배는 넓어 보였다. 충전식 엠피쓰리(mp3)가 멈춰버렸는데 빗소리를 음악 삼아 경쾌하게 걸을 수 있었다. 늪과 마주 보고 있는 시두와로 가는 길은 한 시간 반 정도 정신없이 내려가 아룬(Arun)강 다리를 건너고 나서도 3시간가량 올라가야 했다. 마음 같아서는 타시가온(Tashigaon)까지 가고 싶었지만 무거운 짐을 지고 오는 포터들 걸음에 맞춰야 해 그곳에서 하루 묵어야 했다.

> 양말 두 켤레, 속옷 1set, 런닝. 기분까지 개운해진다. 참 평화롭다. 혼자라는 외로움을 느낄 새도 없다. 맑은 공기, 봄볕 가득 담은 햇살. 참 좋다. 앞으로 더도 덜도 말고 오늘만 같기를… 걸을 땐 사실 약간 흐린 게 좋다. (2008. 4. 7. 일기)

체력 유지를 위해 염소 두 마리를 사고 닭은 다섯 마리, 돼지고기도 샀다. 틸렌이 기르던 잘생긴 염소한테 미안해 얼굴을 볼 수가 없었다. 그날 염소고기를 먹는 줄 알았는데 이미 닭을 잡았다며 닭고기를 먹으라고 했다. 얼른 "닭똥집 하나는 내 꺼" 하자 모두 웃었다.

쿡은 혼자 먹기 아까울 정도로 맛있게 요리해 주어 소주가 생각났다. 같이 마실 친구도 없었다. 친구 없이 혼자라는 사실을 뼈저리게 느끼며 아쉬움을 반주 삼아 닭똥집만 열심히 먹었다.

　이튿날 잘생긴 염소도 재물로 희생됐다. 그의 영혼을 위해서라도 꼭 성공해야겠다 결심하며 마칼루 신의 가호가 있기를 빌었다. 히말라야는 시간이 느껴지지 않는 곳이다. 고소적응을 위해 쉬는 날은 더 그랬다.

　내 전용 텐트를 널따란 잔디 위에 설치하고 보니 제법 폼이 났다. 국제팀 사다가 친근감을 보이며 말을 건넸다. "몇 살이냐?" "결혼은 했냐?" "앞으로 할 계획이냐?" "어떤 남자가 좋으냐? 꼭 한국인이어야 하냐? 영어권이면 되냐?" 뒤늦게 남자복이 터지려는지 나에게 과한 관심을 보이는 게 난감했다.

　그날 오후 늦게 머리 빗고 있는 나를 향해 한 여자가 얼굴 가득 미소를 머금고 걸어왔다. 짐작대로 사다 틸렌의 아내였다. 인상 좋은 미인이었다. 햇볕에 그을린 구릿빛 피부에 세월의 흔적이 아름답게 새겨져 있었다. 그녀와 기념사진을 찍고 저녁에는 그녀가 만든 똥바를 마셨는데 맛이 훌륭했다. 나에게 힘을 주었다.

카우마(Kauma)를 출발해 가파른 고개를 오르고 올라 연못 근처에 오니 옛 기억이 새로운데 경치 구경은 전혀 할 수 없었다. 흐린 날씨에 간간이 빗방울도 떨어졌다. 그날은 양글(Yangle) 1시간 전쯤 있는 야영지에서 멈췄다. 새벽부터 일어나 준비하고 온종일 걸어 지쳐버렸다.

모닥불부터 지피고 젖은 몸을 말렸다. 숯덩이들이 벌겋게 달아올랐다. 빨려 들어가는 느낌이 들어 조금씩 뒤로 물러났다. 지금도 그렇지만 나는 모닥불을 좋아했다. 불 곁을 떠나기가 싫었지만 신발과 양말이 완전히 젖은 포터들에게 자리를 양보해야 했다. 그들이 신발을 벗은 후 양말을 벗는데 발이 불은 국수마냥 허옇게 퉁퉁 불어 있었다. 그런데도 얼굴엔 웃음이 가득했다. 자연의 일원으로 주어진 삶을 살아가는 모습이 행복해 보였다.

혼자 등반하니 신경쓸 일이 많았다. 하루는 전날 포터가 15킬로그램도 안 되게 짐을 지고 가는 것을 보았었는데 그날은 대나무만 지고 가는 나이 든 포터를 보았다. 그날 오후에 포터

가이드는 포터 수가 마흔넷이라며 돈을 달라고 했다. 열 명 정도는 그냥 붙어 다니는 것 같았다. 이튿날 아침 모든 짐을 다시 패킹(packing)하겠다고 으름장을 놓았다. 임금도 그때 주기로 했다. 결국 짐이 없는 열 명은 이튿날 아침 내려갔다. 믿었던 사다 틸렌과 포터가이드에게도 책임이 있지만 미리 체크하지 않은 내 책임도 있어 반은 양보한 것이었다. 틸렌과는 몇 년을 같이 등반했는데 믿는 도끼에 발등을 찍힌 꼴이었다.

베이스캠프에 도착하자마자 텐트 위치부터 잡았다. 좋은 자리는 먼저 입성한 부산팀이 선점한 상태였다. 부산팀은 지난해 K2와 브로드피크 등반 때도 같이 등반한 팀이었다. 목표가 같다 보니 또 만나게 된 것이다. 내 자리는 돌멩이투성이라 자리 고르는 데 한참 걸렸다.

누울 위치에만 단프라 박스 두 개를 펼쳐 집중적으로 평평하게 하고 마무리지었다. 부산팀에 가 인사하고 돌아와 짐 정리를 하는데 부산팀 대원 하나가 "아이스스크류 몇 개 있냐?"고 물었다. 저녁을 부산팀에서 먹으면서 "아이스스크류는 라마제 지내고 쓸 수 있다"고 했다. 이튿날 지낼 라마제와 등반을 위해 머리 감고 세수하고 발 씻고 속옷을 갈아입었더니 개운했다. 한국을 떠나오기 전 응원하는 모임에서 임병걸 <KBS> 국장이 써준 글귀를 생각하며 마음을 정돈했다.

마칼루 8,463m -로체 8,516m ▲ 195

『佳山同符大長征 觀音加被雪山行』(너의 대장정에 가산회가 함께한다. 히말라야 등반에 부처님의 가호가 있기를)

라마제를 지낸 이튿날 아침 머리가 무거웠다. 게다가 라마 목걸이가 풀어져 있어 기분이 좋지 않았다. 고민하다 계획대로 움직였다. 그날따라 동작이 굼떠 셰르파들을 먼저 보내고 천천히 준비하고 출발했다. 모레인 지대를 지나 30분쯤 걷다가 예전과 다른 방향의 길로 오르는데 수월한 느낌이 들었다.

전진캠프(ABC)에 거의 다 와서 오른발을 딛기 위해 검게 뾰족 나온 바위를 디뎠는데 바위 옆에 붙어있던 얼음이 떨어져 나가면서 접질리고 말았다. 몇 분간 움직이지 못하고 가만히 있었다. 라마 목걸이가 풀어진 것과 통하는 느낌이 들었다. 살살 움직여 보고 괜찮은 거 같아 삼중화로 갈아 신고 등반을 계속했다.

오후 1시경 ABC에 도착했다. 신발과 아이젠부터 벗고 말려서 잘 보관해 놓고 가벼운 등산화로 갈아 신은 뒤 내려왔다. 베이스캠프에 도착하자마자 접질린 발부터 찬물에 담갔는데 견디기 힘들 만큼 시렸다. 이튿날 접질린 부분이 많이 부어 있었다. 1회용 냉찜질팩으로 30분 정도 찜질하고 다리를 높게 해 쉬었다. '몸보다 마음이 앞서 갔었나?' 생각하고 알 수 없는 어떤 힘이 "천천히 쉬어 가라" 하는 것이라며 스스로 위로했다. 부산팀의 빠른 행보에 마음이 급했었다.

　며칠 쉬다가 몸이 감당할 만큼만 하겠다 다짐하고 캠프2로 향했다. 캠프2에 도착하자마자 구름이 몰려와 해를 가리기가 무섭게 추워졌다. 해가 사라지기 전에 물 만들고 저녁을 먹기 위해 부지런히 눈덩이를 캐 텐트 입구에 모아놓았다. 열심히 물을 끓여 커피필터로 정수해 보온병과 날진통에 모으면서 중간중간 차도 마셨다.

　저녁 먹고 계속 물을 끓이고 있는데 부산팀 대원 김창호가 나타났다. 힘들어 보이는데 줄 것이 없어 따듯한 허브티가 들어있는 날진통을 통째 주었다. 저녁에 초대받아 맛있는 차와 간식을 얻어먹었다. 6,600미터 고지는 눈과 바위만 있는 곳이다. 살아있는 생명체는 나와 부산팀 멤버 셋뿐이었다. 넷이 한 텐트에 모여 앉았을 때는 따듯했다. 잠자리에 들기 위해 내 텐트로 돌아오니 썰렁했다. 고독보다 무서운 게 냉기였다.

부산팀은 정상시도를 서둘렀다. 빨리 끝내고 싶은 마음은 굴뚝같았지만 자연과 덤덤한 대화를 나누어야 했다. 나의 리듬대로 흔들리지 않기로 마음먹었다.

악천후로 베이스캠프에만 있으면서 활동의 제약을 받게 되고 입맛도 없어지고 예민해졌다. 라면 냄새마저 역겨워질 만큼 입맛이 없어 이탈리아팀에 놀러갔다. 그곳에는 오스트리아에서 온 블레어와 영국에서 온 테드, 이탈리아팀 셰르파 타시와 카를로스(최고령 14좌 진행자, 스페인)가 자리하고 있었다. 블레어는 많은 히말라야 등반 경험이 있었고 한국의 유명한 등반가 둘의 성을 대며 잘 안다고 했다. 그중 한 사람은 '위험한 등반가'로 묘사했다. 그 팀의 셰르파도 그와 싸울 뻔한 적도 있었다며 거들었다.

일주일이 지나 위 캠프의 텐트가 무사할지 염려가 됐지만 바람이 너무 심해 꼼짝할 수도 없었다. 마칼루의 바람은 한번 휘몰아치면 정신을 쏙 빼놓는 돌풍이었다. 진전은 없고 시간만 흐르면서 조급해졌다. 5월 초가 되기 전에 끝내고 로체 등반을 가야 한다는 압박감이 들었다. 몸을 잘 만들어 결정적인 순간에 치고 나가리라 다짐하며 버텼다. 근육을 너무 오래 쓰지 않아 염려됐다. 달리기를 할지 108배를 할지 고민했지만 등반 외에는 할 만한 것이 없었다.

10일 만에 캠프1으로 올라가고 이튿날 마칼루라까지 올랐다. 5월 5일 1차 정상시도를 해봤지만 몸이 무겁고 다리가 돌덩이 같아 오후 2시 돌아섰다. 이날 부산팀은 정상에 섰다. 부럽고 속상했다. 부산팀은 내려오자마자 로체로 출발했다.

베이스캠프로 돌아와 쉬는데 10일 이상이나 일찍 생리가 시작됐다. 몸이 힘들다는 신호였다. 콧구멍에는 핏덩이가 꽉 막혀 있고 설사까지 가세했다. 한국에서 혼자 온 장애인 등반가 김홍빈 대장까지 8일 정상에 섰다는 소식을 들었다. 머릿속이 뜨거워지며 미칠 듯 괴로웠다. 블레어를 찾아갔다.

무섭다. 8,000미터 위만 생각하면 숨이 막혀 죽을 것만 같은 기분이 든다. 어서 이 기분에서 벗어나야 하는데 벗어날 길이 없다. 랄프[훗날 여성으로는 세계 최초로 무산소로 14좌를 완등한 겔렌데 칼텐브르너의 남편]와 카를로스와 그의 동료들은 모두 11일 정상공격을 위해 출발했다. 마지막 희망으로 블레어를 찾아갔다. 헤드와 함께 있었다. 블레어가 정신없이 이야기하는 친구여서 처음엔 신뢰가 가지 않았는데 가만 들어보니 아주 낙천적인 스타일이었다. 나더러 로체 때문에 마음 급할 것 없다며 컨디션 조절 잘 해 늦더라도 끝내고 가면 된다고 한다. 자기 친구는 작년에 6월 13일에 eve 정상에 섰다며 내게 용기를 준다. 결국 내가 무섭다고 고백하며 눈물을 흘리고야 말았다. 창피하다. (2008. 5. 8. 일기)

그날 친구 세 명과 계속 즐거운 이야기를 하다 보니 어느새 두려움이 사라졌다. 고마운 마음이 들었다. 힘들 땐 친구를 찾아야 함을 경험했다. 5월 10일 2차 정상시도를 위해 캠프1에 도착했다. 이번에는 내 상태가 달랐다. 우선 먹을 것이 잘 들어갔다. 오징어채, 삶은 달걀 한 개, 감자 두 개, 소시지(천하장사) 두 개, 밥, 김, 도라지 무침, 깻잎, 한치 한 마리, 생강차, 대추차,

녹차, 허브차 등을 양껏 먹으면서 등반했다. 이튿날 마지막캠프로 올라갔고 그곳에서 저녁 8시경 정상을 향해 출발했지만 눈보라(snow shower) 때문에 포기하고 마지막캠프로 돌아왔다.

이튿날인 12일 저녁 8시 30분 마칼루 여신이 나에게 길을 열어주기를 바라며 다시 출발했다. 3차 시도였다. 끝없이 이어지는 설벽을 오르다가 올려다보면 앞서가는 틸렌의 모습은 스카이라인 위에 걸쳐 있었다. 천상의 세계였다. 도저히 다다를 수 없을 것 같이 아득했다.

프렌치 쿨르와르를 다 오를 때쯤 스위스 멤버와 그의 셰르파가 나를 앞질렀다. 고정로프가 끝난 지점부터는 네 발로 기어올랐다. 그것마저도 힘들어 배낭을 벗어놓고 올라갔다. 몇 미터 오르다 주저앉고 또 기어오르다 주저앉았다.

어느덧 정상 능선 커니스 위에 섰다. 스위스팀이 전위봉을 넘어 사라졌다. 그것이 전위봉인 줄도 모르고 뒤편으로 넘어가는 건가 했다. 혹시나 하고 기다리며 사진을 찍으면서 나도 넘어가 봐야겠다는 생각이 들었다. 넘어가 보니 뒤에 또 봉우리가 있었다. 그곳이 진짜 정상이었다. 넘어가 간신히 사진 찍고 지옥과도 같은 하산을 시작했다. 5월 13일 정상 하늘은 뿌옇게 흐려 있었다. 마칼루 여신은 정상에 설 영광만 주고 세상은 보여주지 않았다.

죽음의 유혹,
로체(8,516m)

나의 상태는 최악이었다.
기침이 심해지다 각혈까지 했다.
캠프3로 내려올 땐 죽는 게 낫겠다 싶었다.
한 발자국만 절벽 쪽으로 디디면
고통에서 벗어날 수 있다는 유혹을 느꼈다.

5월 18일 마칼루 등반을 마치고 카트만두에 도착한 후 이틀간 휴식을 취하고 로체 등반을 위해 쿰부지역으로 향했다. 고소적응이 돼 있어 시간을 절약하기 위해 로부제까지 헬기를 이용했다. 그곳에서 하룻밤을 보내고 이튿날 하루 만에 로체 베이스캠프에 도착했다.

베이스캠프로 올라가는 도중 고미영과 김재수를 만났다. 그들은 로체 등반을 마치고 하산하는 중이었다. 김재수 뒤를 따라오는 고미영은 모자를 푹 눌러쓰고 있었는데 얼굴이 퉁퉁 부어 있었다. 고소약 다이아막스를 먹고 나타나는 부작용 같았다. 나는 신뢰하지 않아 먹어보지는 않았는데 그 약을 먹고 얼굴이 퉁퉁 붓거나 손발이 저리는 증상을 호소하는 사람들을 본 적이 있었다.

베이스캠프에 도착한 날은 눈이 오다 오후 3시가 넘어서야 그쳤다. 로체와 에베레스트는 같은 베이스캠프를 사용한다. 노멀루트로 오르는 경우 캠프3 조금 위까지도 같은 루트를 이용한다. 캠프3에서 에베레스트 등반은 사우스콜 방향으로 계속 진행하고 로체는 중간에 오른쪽으로 꺾어 올라가야 한다. 그곳에는 로체 마지막캠프지가 자리잡고 있다. 캠프3에서도 훤히 보이는 위치였다.

5월 22일 베이스캠프에 도착해 이튿날부터 등반을 시작했다. 셰르파 없이 혼자였다. 마칼루 등반하며 셰르파에게 의지

하는 것을 최소화하고 싶었다. 캠프3까지는 1993년 오른 경험이 있어 별 걱정 없었는데 그 후가 문제였다. 전체적인 루트가 훤히 보였지만 막상 그 안에 들어가 등반하다 보면 방향 잡기가 어려울 수도 있었다.

23일 베이스캠프를 출발해 아이스폴 지대에서 20여 분을 헤매다 루트를 찾아 올랐다. 운행 첫날 캠프1은 건너뛰고 바로 캠프2까지 올랐다. 고소적응이 돼 있어 가능한 일이었다. 체력이 달리는지 짐이 무거워 8시간이나 걸려 도착했다. 등반에 성공하고 캠프 정리 중인 전북 남원팀 대원이 비타민B 두 알, 비타민C 한 알, 우루사 한 알을 건네주었다. 작은 것부터 한 알씩 먹었는데 헛구역질이 나더니 입 밖으로 튀어나왔다.

25일 오전 7시 캠프3를 출발해 오후 3시 40분 마지막캠프에 도착했다. 표현 못할 만큼 힘들었다. 마지막캠프에 내 텐트를 올리지 못했다. 텐트를 지고 옮기는 힘도 아껴야 하고 몇 시간 쉬다 바로 정상으로 가야 해 잠시 남의 텐트에서 신세질 생각이었다.

마지막캠프에는 외국인 등반가 브라이언이 먼저 와 있었다. 산소가 있고 셰르파도 있다며 같이 가자고 제안했다. 쉬면서 생각해 보겠다고 했다. 몇 시간 휴식하고 저녁을 먹고 나니 힘이 조금 나 저녁에 출발하기로 했다. 브라이언에게 산소를 쓰지 않아 먼저 출발하겠다 하고 밤 10시 22분 혼자 마지막캠프를 출발했다. 다행히 전날 오른 팀들의 흔적이 있어 방향을 잡는 것은 어렵지 않았다.

두어 시간 후 뒤따라 온 브라이언이 나의 발자국이 일정하고 좋다며 칭찬해 주었다. 그리고 나를 앞서갔다. 그가 나타나기 전까지 암흑 속에서 움직이는 생명체라고는 나밖에 없었는데 또 하나의 살아 움직이는 불빛을 보니 그렇게 반가울 수가 없었다. 그의 속도를 부러워하며 나는 움직이던 속도대로 올라갔다. 바람이 심했다. 누군가 다른 곳에 바람이 세게 불어도 로체 쿨르와르에만 들어서면 괜찮다고 했었는데 천만의 말씀이었다.

브라이언이 스카이라인 위에서 왔다갔다하고 있었다. 바람 때문에 추워 몸 숨길 곳을 찾는가 보다 하는 짐작이 들었고 차라리 느리게 올라가고 있는 내 처지가 낫다고 생각했다. 위쪽과 정상 부위의 바람은 보기만 해도 뼛속까지 아려 왔다.

9시가 조금 지나 내려오는 브라이언을 만났다. 정상에 갔다 온 줄 알고 축하인사를 했는데, 그는 나를 질투했었다며 미안하다고 했다. 잘 가라는 인사를 하고 등반을 계속했다. 다시 혼자가 됐다. 몇 시간을 더 가야 하는지 알 수 없는 상황에서 무작정 올랐다. 좁은 걸리 구간을 빠져나오니 시야가 트이며 경사도가 확연히 약해졌다. 하늘에는 정상 부위로부터 내려진 로프가 코앞까지 이어져 있었다. 무게를 줄이기 위해 배낭은 내려놓고 카메라와 스폰서깃발만 챙겨 올랐다. 로프가 끝나고 정상 부위는 다시 커다란 담처럼 암벽들로 둘러쳐 있었다. 암벽을 오르니 가운데 하얀 봉이 나타나고 정상으로부터 오색깃발(타르쵸)이 세로로 쳐 있었다. 그리고 얇은 노란 줄 하나가 2/3 지점까지 설치돼 있었다. 믿고 잡아당기기에는 약해 보였다.

정상에 올라서니 오색깃발과 함께 '카타(무사 안녕을 기원하기 위해 목에 걸어주는 목도리)'가 나부끼고 있었다. 서둘러 스폰서깃발부터 찍으려고 신속하게 카메라를 셀프타이머로 맞추고 고정하기 위해 애쓰는 동안 모든 깃발이 날아가 버렸다. 하는 수 없이 정상 부위만 카메라에 담고 셀프로 내 얼굴을 찍은 다음 하산을 시작했다.

그때까지 그렇게 힘든 하산 길은 없었다. 기침하면 목구멍이 찢어질 듯 아팠고 허리가 끊어질 듯 아팠다. 자세가 조금 흐트러지면 종아리에 쥐가 났다. 2004년 에베레스트 등반 마치고 돌아와 집에서 자는 도중 몸에 경련이 일어난 적은 있었어도 등반 도중 쥐가 나보기는 처음이었다.

또 한 가지 이상한 경험은 하산하는 동안 모르는 남자와 대화하며 내려오는 것이었다. 그는 나에게 이렇게 저렇게 하라고 계속 말을 했고, 나 역시 맞는지 그에게 확인을 받아가며 하산하고 있었다. 처음에는 마지막캠프에서 만났던 브라이언인 줄 알았는데 순간 이상했다. 그는 먼저 내려갔기 때문이다. '그럼 누구지?' 싶어서 고개 들고 주위를 둘러보면 아무도 없었다. 다시 하산을 시작하면 어느새 그가 다시 와서 등반 동작을 도와주었다. 그는 마지막캠프의 텐트가 보이기 시작하는 시점에 홀연히 사라졌다.

환청 덕분에 나는 편안하면서도 안정된 느낌으로 두려움 없이 마지막캠프까지 내려올 수 있었다. 낭가파르바트를 등반하면서 라인홀트 메스너가 경험한 환청을 나도 경험한 것이었다.

마지막캠프에서 잠시 쉬어 가고 싶었지만 내가 쉬었던 텐트에는 이미 세 등반가가 차지하고 있었다. 잠시 쉬고 가게 해달라고 사정해도 먹히지 않았다. 나의 상태는 최악이었다. 기침이 심해지다 각혈까지 했다. 캠프3로 내려오는 길은 죽는 것이 낫겠다 싶을 만큼 고통스러웠다. 한 발자국만 절벽 쪽으로 디디면 고통에서 벗어날 수 있다는 유혹을 느꼈다.

> 그는 나 자신일 수도 있고 그 어떤 누구일 수도 있다. 그는 마지막캠프에 도착함과 동시에 사라졌다. 어렵사리 어제 내가 잠시 쉬었던 텐트에 도착하니 외국인 세 명이 와 있다. 그들은 절대 자리를

내줄 태세가 아니다. 결국 약간의 실랑이 끝에 나는 내 텐트가 있는 C3까지 내려와야 했다. 차라리 죽는 게 낫겠다는 심정이 들 정도로 힘든 하산이었다. 밤 10시가 다 돼서야 C3 내 텐트에 도착할 수 있었다. 오! 신이여! 감사합니다. (2008. 5. 26. 일기)

이튿날 베이스캠프까지 갈 일이 또 까마득했다. 도저히 안 될 것 같아 키친보이를 올려 보내라 무전하고 출발했다. 오후 2시경 캠프1 바로 위에서 키친보이 누루부를 만났다. 배낭을 그에게 넘겨주었지만 바닥난 체력은 쉽게 회복되지 않았다.

아이스폴지대에서 사다리를 건널 때 몸이 떨어지고 말았다. 줄을 잡지 못하면 그대로 천길 크레바스로 떨어질 상황이었다. 다행히 신속하게 왼쪽 줄을 잡고 확보줄을 걸었다. 오른쪽 고정로프에는 링비너를 걸고 한참 동안 사다리와 실랑이하다 결국 안다리걸기를 성공해 사다리 위로 다시 올라설 수 있었다. 십 년 감수했다. 베이스캠프에 도착하니 6시가 넘었다. 그렇게 나는 살아서 돌아왔다. 피를 토할 만큼 어려운 고통이 따랐지만 8,400미터 이상의 봉우리 연속등정을 처음으로 성공했다.

무수한 나와의 갈등, 브로드피크(8,047m)

부상, 동료와의 갈등, 또 다른 '나'와의 갈등을 통해
내 안에 다양한 '나'가 존재함을 알게 됐다.
오르고자 하는 '나'와 움츠러드는 '나' 등
많은 '나'와의 복잡한 관계 속에서 정체성의 혼란을 겪었다.

브로드피크는 2007년 K2 등반 성공 후 연속등반을 시도했다가 실패한 산이다. 불행이 있어 행복이 더욱 소중하고, 실패의 아픔이 있어 성공이 더욱 빛날 수 있다는 것을 알게 됐다.

2008년 6월 20일 브로드피크와 가셔브룸I 연속등반을 위해 인천공항을 출발했다. 이슬라마바드에 도착한 후 이틀 동안 체류하며 행정과 등반 준비를 신속히 해결한 후 이틀째 되는 날 저녁 대절버스로 스카르두를 향해 출발했다.

23일 스카르두 도착 후 나머지 식량과 장비를 준비하고 포터를 모집한 후 25일 아스콜리로 향했다. 환경은 1년 전과 별반 다르지 않았다. 계속 설사하는 내가 문제였다. 미야리산을 먹으면 잠시 멎었다가 집에서 부모님이 지어주신 한약을 먹으면 다시 시작됐다. 한약에 이상이 있는 것 같았다. 8,000미터 연속등반을 하는 딸이 걱정돼 지어준 한약을 모두 버렸다.

7월 2일 브로드피크 베이스캠프에 무사히 입성했다. 전년 K2 등반 때와 같은 날이었다. 그때는 팀을 이끌고 왔지만 이번에는 단신으로 온 점이 달랐다. 적은 비용으로 두 봉우리를 연속 등반해야 해 외국 등반가들과 베이스캠프를 같이 썼는데 쿡과 키친보이, 식당텐트를 공유해 음식이 서양식 위주였다. 셰르파도 고용하지 않았다. 가셔브룸I에는 후배 이덕주를 미리 보내 등반 준비를 시켜 놓았다. 마침 같은 봉우리를 등반하는 수원대 산악부 지도교수팀이 있어 그들과 합류시켜 놓았다.

　베이스캠프에 들어와서도 설사가 멈추지 않아 고생이 이어졌다. 나중엔 걷기도 불편했다. 급한 대로 연고를 바르니 조금 차도가 있었다. 하지만 생리가 시작돼 꼼짝없이 베이스캠프에 며칠 묶여 있어야 했다. 모두 고소적응을 위해 캠프를 오르내리고 있는데 내 처지가 처량했다. 설사가 한결 나아져 생리만 아니어도 움직여 보겠는데 일이 뜻대로 되지 않았다.

하루는 K2메모리얼에 갔다가 K2베이스캠프까지 갔다. 그곳에서는 김재수가 이끄는 플라잉점프K2팀이 K2 등반 중이었다. 당연히 고미영도 함께했다. 멤버 중 잘 아는 송귀화 선배가 있어 연고를 얻었다.

내가 있던 브로드피크 베이스캠프는 등반가들이 유럽 각국에서 와 언어가 중구난방이었다. 영어, 프랑스어, 스페인어, 이탈리아어, 포르투갈어가 난무했다. 며칠 동안 입에 거미줄 치고 있다가 한국사람들을 만나 한국음식 먹으며 맘껏 이야기하니 숨통이 트였다.

베이스캠프 도착 후 6일 만에 첫 운행을 시작했다. 슬리핑백, 우모복 상·하, 우모 장갑, 모양말 두 켤레(정상용), 건전지 다

섯 개, EPI가스 두 개, 우모 덧신, 고글케이스 등을 배낭에 지고 캠프1으로 올렸다. 새벽안개가 짙어 아이스폴 지대 이후 루트 초입을 찾지 못해 애를 먹었다. 전년보다 눈이 없고 더욱 가파르게 느껴졌다. "핑! 핑!" 귀 양옆으로 낙석이 총알처럼 스쳐갔다. 하나라도 제대로 맞으면 끝장이었다. 한시도 위쪽에서 눈을 떼지 못하고 올라가 짐만 내려놓고 신속하게 내려왔다.

베이스캠프에 도착하고 이틀 뒤인 7월 10일 두 번째 고소적응 등반을 위해 출발했다. 그때는 캠프2에서 하루, 이튿날 마지막캠프인 캠프3에서 하루 더 머물고 내려오는 일정이었다. 고소는 늘 알 수 없었다. 고생을 많이 하고 내려왔다. 베이스캠프에서 휴식을 취하고 있는데 고미영과 김재수가 가셔브룸 베이스캠프 갔다가 돌아가면서 내가 있는 캠프에 들렀다. 참 부지런하다고 생각했다. 지금 다시 생각하니 K2 등반 마치고 연속 등반을 위해 다녀가는 것이었다. 내가 연속 시도 한다는 것을 알고 나를 따라 움직인 것이었다.

7월 16일 새벽 5시 1차 정상시도를 위해 베이스캠프에서 마지막캠프까지 한 번에 치고 올라갔다. 프랑스에서 온 여자 등반가와 함께 움직였다. 오후 4시 10분 마지막캠프에 도착해 몇 시간 휴식하고 저녁에 정상을 향해 출발했다. 간밤에 잠을 설쳐 몸이 무겁고 졸려 걸을 수가 없었다. 숄더 아래 부근에서 나만 하산했다. 마지막캠프로 돌아와 부족한 잠을 채웠다.

　이튿날 새벽 2시 20분 재도전하기 위해 마지막캠프를 출발해 올라가는 도중 등정하고 내려오는 조아오와 미겔을 만났다. 그들에게 따듯한 물을 나눠주고 오르는데 또 졸렸다. 걷다가 머리를 눈 속에 처박고 잠깐씩 졸았다. 시간이 지나면서 눈가루가 날렸다. 좀 더 지나 눈송이가 되더니 바람까지 불었다. 심상치 않아 7시경 홀로 발길을 돌려 마지막캠프로 돌아왔다.

숨막히는 두려움이 몰려왔다. 마칼루 등반 때 이어 두 번째 겪는 증상이었다. 내려가는 게 답이었다. 베이스캠프에 도착하니 같이 오려 했던 학교선배인 신동석 형이 보내준 홍어회와 김치, 그 밖의 식량과 편지가 와 있었다. 편지는 뒷전이고 정신없이 홍어회부터 집어먹었다. 양이 너무 많아 이튿날 김재수가 이끄는 K2팀에 가져다주려고 했는데 어떻게 알았는지 아침 일찍 K2팀이 내려와 순식간에 처리해 주었다.

세상이 온통 뿌옇고 마음도 답답했다. 기회를 놓친 것이 큰 타격이었다. 먼저 정상에 선 등반가들이 하나둘씩 베이스캠프를 떠나기 시작했다. 다시 숨이 막히는 증상이 나타났다. 마음을 추스르며 다음 기회는 놓치지 않겠다고 각오를 다졌다.

다시 힘겹고 고독한 시간과의 싸움이 시작됐다. 오전에 햇살이 잠시 비추고 밤새 눈 내리는 날이 이어졌다. 하루는 힘겨움을 달래기 위해 텐트 사이트에서 멀리 벗어나 흥얼거리다가 목청껏 울어보기도 했지만 그때뿐이었다. 마칼루 등반 때 외국 등반가 친구들의 위로가 얼마나 큰 힘이 됐었는지 새삼 고마웠다.

날씨에 질리고 사람한테 질려 K2 베이스캠프로 올라갔다. 한국말이 그리웠다. 송귀화 선배 텐트에서 하룻밤 자고 이튿날 아침 선배 권유로 등반 중에는 좀처럼 하지 않는 아침세수까지 했다. 스킨과 로션을 바른 후 선크림으로 마무리하고 식당 텐트로 갔다. 고미영이 화장까지 곱게 하고 앉아 있었다. 전날 밤엔 생일선물로 받은 거라며 나에게 루비반지도 자랑했었다.

송귀화 선배 텐트에서 하룻밤 휴식을 취하면서 기분전환을 했다. 그래서인지 이튿날 나의 보금자리로 돌아오는 길에 바라본 브로드피크가 새삼 예뻐 보였다. 전날 올라갈 때까지만 해도 시커멓고 위압적이었다. 브로드피크가 나를 받아줄 것 같은 예감이 들었다. 돌아오자마자 일기예보부터 살폈다. 28일 이후 바람이 잦아들고 날씨가 좋아진다는 예보를 들으며 브로드피크 신에게 빌었다.

'제발 저를 받아주소서!'

7,000미터 이상에는 여전히 강한 바람이 일고 있다. 드디어 내일 출발이다. 바로 C3로 가야 할지 중간에 자고 가야 할지 잠시 고민이다. 그냥 C3로 바로 가 30일 낮에 쉬고 밤에 올라가면 될 거 같다. [···] 머리 감고 등반 식량 챙기고 이래저래 하루 해가 짧다. K2팀은 어제부터 움직여서 오늘 C2에 도착했다. 강한 바람 때문에 고생인 거 같다. 29일 C3, 30일 휴식 후 저녁 11시, 12시, 아님 31일 새벽에 출발해야지. 컨디션은 아주 좋은데 모르겠다. 올라가서도 그럴지··· 긴장된다. (2008. 7. 28. 일기)

2008년 7월 30일 마지막캠프에서 홀로 출발해 31일 오전 12시 전 브로드피크 정상에 섰다. 그날 밤 마지막캠프로 돌아와 침낭도 없이 새우잠을 자야 했다. 짐 무게를 줄이기 위해 우모복만 챙겨 올라왔기 때문이다. 밤새 몸을 웅크리고 조금이라도 체온을 빼앗기지 않으려 애써 보았지만 이가 달달 떨리고 뼛속까지 시렸다. 다행히 얼어죽지 않고 이튿날 베이스캠프로 귀환했다.

8월 1일 김재수·고미영팀이 K2 정상에 섰다는 소식을 들었다. 이튿날 K2에서 눈사태로 열한 명이 목숨을 잃는 대형사고가 발생했다. 사망자 가운데 김재수팀 멤버 셋과 셰르파 둘이 포함돼 있었다. 김재수가 먼저 내려간 뒤 고미영은 마지막캠프를 찾지 못해 헤매다 간신히 살아돌아왔다고 했다.

브로드피크 등반을 마치고 바로 가셔브룸 I으로 갈 계획이었던 나는 사고 소식으로 심장이 오그라들어 덕주와 함께 철수했다. 김재수팀 셰르파 중 살아남은, 죽은 셰르파의 사촌이 내게 "우리가 죽는 한이 있더라도 고미영을 올려야 했다"며 "사촌의 죽음이 분하고 억울하다"고 말했다. 파업이라도 일어나면 큰일이다 싶었지만 아무 일도 일어나지는 않았다. 먹고살기 위해 목숨 걸고 등반하는 셰르파들이었다. 내 목숨만큼 셰르파의 목숨도 소중하다. 나는 산소를 마시지 않아도 그들이 원하면 산소를 사용하게 해주었다. 그들의 상태가 양호해야 나에게 무슨 일이 생겼을 때 나를 힘껏 도와줄 수 있으리라 생각했다.

결국 가셔브룸I 연속등정 시도는 하지 못했다. 오르고자 하는 나와 두려움에 움츠러드는 나의 갈등이 있었다. 그래서 브로드피크가 위압적이고 무섭게 보였다가 어느 순간 예쁘게 보였던 것이다. 몇 차례의 정상시도 실패는 조급증 때문이었을지 모른다.

7대륙 최고봉 등반 후 부상으로 등반가로서의 앞날이 염려되며 위축됐다. 부상으로 여성 단독 등반가로서의 질주에 제동이 걸리면서 혼란스러운 나를 되돌아볼 시간이 주어졌다.

고산등반 초기 나는 경력이 부족해 약자였다. 1997년 가셔브룸II 등반에서 동료와의 갈등을 통해 약자를 이해하고 배려할 때 진정한 강자로 거듭나게 되는 것이라고 생각했다. 등반가의 자질을 근본적으로 생각하는 계기가 됐다. 약자의 입장에 있던 고산등반 초기의 이 사건을 통해 나 자신에 대한 찌질함으로 등반 자체에 대한 회의를 느낄 만큼 혼란스러웠다. 그러나 이러한 체험을 통해 나에 대한 중심이 확고히 세워져 있다면 어떠한 상황에서도 당당할 수 있다고 생각하게 됐다.

누가 논란을 조장하는가?
칸첸중가 (8,586m)

나의 히말라야 14좌 완등은 언론을 통해 표출된
남성산악인들과의 갈등으로 '세계 여성 최초'라는
영광보다는 '논란 중'이라는 상처만 안게 됐다.

2009년 1월 25일 오후 1시 32분 점심 먹고 창밖을 보니 흰 눈이 날리고 있었다. 2008년 세운 기록이 무거운 짐으로 되돌아와 나를 짓눌렀다. 사람들은 2009년에도 그만큼 할 것이라고, 아니, 마저 끝내라고 등을 떠밀고 있었다. 8,000미터가 그리 호락호락한 곳이던가. 두려웠다. 사람들의 기대가 두려운 것이 아니라 내 안에 있는 또 다른 내가 무리한 욕심을 낼까 경계했다.

> 나의 이성은 침착하고 담담하게 욕심내지 말고 무리하지 말고 차근차근 해야 한다고 말한다. 하지만 내 안에는 그런 나만 있는 것이 아니라는 점이 문제다. 나도 그러고 싶다. 하나하나 차근차근 최선을 다해 하다 보면 전보다 좋은 기록을 세울 수도 있다고 생각한다. 그러나 두렵다. 그렇게 하고픈 맘이 들면 들수록 더 두렵다. 내 안에 있는 또 다른 내가 두렵다. (2009. 1. 25. 일기)

칸첸중가 등반에는 <KBS> 다큐팀이 동행했다. 역사적 기록물로 남겨야 했다. 선봉장 이거종 국장은 뒤에서 도왔다. 1970년대부터 활약한 히말라야 카메라맨 1세대였다. 그의 프로정신과 산에 대한 애정은 산악인들 사이에서도 인정받고 있었다. 이 국장이 2세대 히말라야 카메라맨으로 키우는 정하영 차장을 비롯해 홍성준 카메라감독과 김태민 피디까지 셋이 한 팀으로 움직였다.

3월 19일 카트만두로 날아갔다. 이튿날 엘리자베스 홀리(Elizabeth Hawley, 히말라야 등반대 기록에 일생을 바친 '히말라야의 기록자') 여사와 인터뷰를 마치고 관광성에 들렀는데 정부연락관이 칸첸중가는 가기 싫다고 해 다른 연락관을 구할 때까지 기다려야 했다. 여자 연락관이 배정됐는데 돈에만 관심을 보였다.

칸첸중가에 오르려면 국내선을 타고 비랏나가르(Biratnagar, 760m)에서 1박 하고 수케타르(Suketar, 2,394m)로 가야 했다. 3월 25일 오후 1시 50분 수케타르공항에 내리자마자 찬 공기에 온몸이 움츠러들었다. 카트만두보다 1,000미터나 높았다.

다시 랄리카르카(Lalikharka, 2,165m)로 이동해 야영을 했다. 이튿날 아침부터 비가 내렸고 몇 시간 걷다 보니 바지가 젖어 한기가 느껴졌다. 점심 먹는 집에서 불 쬐고 밥 먹는 동안 젖은 바지는 다 말랐다. 칸데반장(Kande Banjyang, 2,129m)에 도착해 텐트를 치자마자 비바람이 몰아치는데 텐트를 날릴 기세였다.

3월 27일은 품페단다(Phumphe Danda, 1,858m)에서 보냈고, 이튿날은 얌푸딘(Yamphudin, 2,080m)에서 야영했다. 하루를 더 머물며 휴식하는 동안 돼지 한 마리, 염소 네 마리, 닭 열 마리를 구입했다.

이후 사흘 동안 토르통(Tortong, 2,995m)과 체람(Cheram, 3,870m)을 지나 람차우르(Ramchaur, 4,580m)에 도착했다. 눈이 많아 늪지대 같았다. 눈부터 치우고 텐트를 쳐야 했다. 뽀송뽀송했던 잔디가 그리워졌다. 그곳에서 나흘을 머물렀다.

람차우르에 머무는 동안 《산에서 들려오는 소리》를 읽었다. 1977년 에베레스트 원정대장을 맡은 김영도 선생이 쓴 책이다. 책에 인용한, 이백(李白) 혼자 경정산에 앉아 지은 "새들이 높이 날아가고 구름마저 흘러가니 혼자 한가롭다. 그래도 서로 마주 보며 싫지 않으니 산이 있고 내가 있기 때문이다"가 내 얘기 같았다. 다른 페이지에는 등반가가 마음에 새길 내용도 있었다.

"알피니즘은 원래 누구와의 싸움이나 누구를 위한 싸움이 아니다. 그것은 언제나 자기와의 싸움이다. 기록을 내세우고 자랑할 일이 아니며, 등반은 그 자체가 목적이고 거기에 의미가 있을 따름이다. 등산 세계의 의미와 가치는 바로 그런 것이며 그 외에 아무것도 아니다. 다만, 그때 고난과 시련을 이기고 넘어설 때 희열과 만족에 도취하는 것이 알피니스트의 특권이다." _《산에서 들려오는 소리》 [김영도]. 너무나 공감이 간다. (2009. 4. 6. 일기)

"나이로 늙는 것이 아니다. 이상을 잃을 때 늙는다"[사무엘 울만] 무작정 20대 끓는 피를 암벽·빙벽 속에 눈 속에 뿜어댈 뿐이었다. 나의 오름 짓이 무슨 의미가 있는지 모른 채. 그땐 그랬다. (2009. 4. 2. 일기)

중간캠프에서 4월 6일부터 7일까지 이틀을 머물렀다. 그곳에 머무는 동안 꿈을 꾸었다. 새벽녘 같이 술 마시며 이야기를 나누던 사람들과 2차 자리로 옮기려 골목길을 걸어가는데 갑자기 개 짖는 소리가 들리더니 느닷없이 사자가 나타났다. 사자가 작아서 앞발을 올렸는데 가슴께까지만 닿았고 아프지도 않았다. 무슨 꿈인지 궁금해하며 일기에 써놓았다. 그해 11월 <한겨레신문> 신입기자 박수진이 나의 칸첸중가 등반에 대해 '첫 등정 논란' 기사를 쓴 것의 예지몽이었다.

4월 8일 베이스캠프에 입성했다. 고소적응 때문에 김태민 피디만 베이스캠프 직전 마지막 오르막 아래 빙하지대에서 하룻밤 더 머물렀다. 이튿날은 아침부터 눈이 쏟아졌다. 시도도 못 해보고 등반이 끝나는 게 아닌가 싶을 정도로 마구 퍼부어 댔다. 그 와중에도 포터들은 열심히 짐을 나르고 있었다.

심한 돌풍과 눈으로 등반이 순조롭지 않았다. 라마제를 지내고 첫 운행을 하고 난 다음 나는 편도선이 붓고 몸살에 생리까지 시작되면서 닷새 동안 꼼짝 못했다. 쉬는 동안 스페인과 미국 팀이 들어오면서 베이스캠프가 북적였다. 좁은 캠프에 많은 사람이 몰리니 텐트 자리를 놓고 신경전도 벌어졌다. 먼저 온 팀에게 우선권이 있었다. 자기자랑이 한창인 스페인팀의 나이든 등반가 후아니토 오이아르자발(Juanito Oiarzabal)이 눈살을 찌푸리게 했고 좀처럼 맞지 않는 일기예보에 신경이 곤두섰다.

4월 19일 캠프1으로, 이튿날 캠프2까지 올랐다. 머리가 약간 띵했고 컨디션도 그저 그랬다. 캠프2에서 하룻밤 보낸 이튿날 새벽부터 텐트를 날려버릴 듯이 돌풍이 일었다. 이리저리 뒤척이다 견디지 못하고 탈출했다. 옆 텐트의 정하영 차장도 빨리 탈출하고 싶은 눈치여서 아침식사는 생략하고 캠프2를 나섰다. 시간이 지나면서 바람이 조금씩 잦아들었다.

내려오는데 14좌에 도전하는 파사반이 있는 스페인팀이 움직이기 시작했다. 셰르파 3명, 대원 6명이 캠프1까지만 고소적응을 위해 운행한다고 했다. 파사반은 나와 2006년 가을 시샤팡마 등반 때 만난 적이 있었다. 당시 나는 정상에 섰으나 그녀는 발가락 동상으로 철수했었다.

4월 22일 오후 4시 베이스캠프에 있는 5개 팀 대표들이 우리 텐트에서 회의를 했다. 캠프2까지는 제일 먼저 들어온 우리 팀이 구축해놓았다. 캠프3와 캠프4를 만드는 데 필요한 장비는 픽스로프 2,000미터, 스노우바 20개, 스크류 20개, 나이프하켄 4~5개가 필요했다.

캠프2까지 만들면서 모든 장비를 쓴 우리 팀 외에 4개 팀에서 필요한 장비를 분배하기로 했다. 그 장비를 캠프2까지 날라다 주고 팀별 셰르파 1명씩 파견해 캠프를 구축하기로 했다. 좋은 생각이었지만 짐 수송은 잘 지켜지지 않아 우리 팀 셰르파들이 앞장서 정상까지 루트를 뚫었다. 4월 23일 아래쪽에 자리잡은 고미영·김재수팀과 스웨덴, 노르웨이 팀이 라마제를 지냈다. 고미영과 김재수는 마칼루 등반 중이어서 먼저 들어온 대원 혼자서 라마제를 지냈다.

노르웨이팀 욘 갱달(Jon Gangdal)은 20년 경력의 베테랑 기자였고 스웨덴의 매티스는 변호사였다. 그들은 내가 프리머스(primus)에 관심을 보이자 선뜻 프리머스 스토브와 코펠을 나의 롤매트 석 장과 바꾸자고 했다. 가격차가 엄청났다.

4월 25일 캠프2(6,615m, sunnto 기준)까지 진출했다. 몸이 무겁고 힘들어 죽을 지경이었다. 다음 정상시도가 염려될 정도였다. 나를 포함해 정하영 차장과 셰르파 셋이 같이 움직였다. 전날 먼저 출발한 셰르파 옹추와 페마는 캠프3까지 구간을 뚫었고 오후 5시 20분 캠프2로 내려와 합류했다. 저녁은 삼계탕으로 몸보신했다. 이튿날 돌풍으로 옹추와 페마는 먼저 베이스캠프로 내려갔고 다섯이 하루 더 캠프2에서 머물렀다가 이튿날 캠프3까지 진출했다.

루트가 처음에는 쉬워 보였는데 갈수록 지그재그로 꺾어지는데 미치겠다. 지난겨울 너무 가물어서 크레바스가 모두 쩍쩍 벌어져 있다. 12시가 지나면서는 구름이 끼더니 눈이 내리기 시작한다. C3에 도착하자마자 텐트 정리부터 하고 텐트 안으로 들어간다. 촬영이고 뭐고 만사 귀찮지만 뒤에 온 정하영 차장의 프로정신이 돋보인다. 눈보라 속에 필요한 장면은 모두 담아간다. 4시가 넘어서 스페인 팀의 셰르파가 온다. 반갑다. 등반로프 가져왔느냐고 물으니 텐트만 내려놓는다. 어이가 없다. 로프는 뒤에 오는 셰르파가 중간에 놓고 내려갔다는 것이다. 도대체 이 팀은 해도 해도 얄미운 짓만 골라 한다. (2009. 4. 27. 일기)

4월 28일 베이스캠프로 내려와 휴식을 취했다. 29일은 안나푸르나에서 고인이 된 지현옥 선배의 기일이어서 간단히 제를 지냈다. 눈이 그치지 않아 등반은 지체되고 있었다. 파사반이 있는 스페인팀은 내가 언제 올라갈 것인지만 체크했다. 우리 쪽 일기예보만 물어보고 자기네 정보는 알려주지 않았다.

5월 3일 오전 8시 10분 캠프2를 향해 출발했다. 11시 좀 지나서 앞도 보이지 않을 정도의 눈보라가 몰아치자 앞장섰던 스페인팀은 캠프1에서 하산했다. 나는 오후 2시 넘어 눈보라가 잦아든 틈을 타 다시 캠프2를 향해 올랐다.

좋은 날씨는 잠시뿐이었고 플라토지대를 지나면서 다시 흐려졌다. 빙벽에 붙을 때 강한 돌풍이 몰아쳤다. 맞바람이라 잦아들기를 기다렸다 조금 가고 또 몸을 돌려 기다렸다가 조금 가고 했다.

5월 4일 캠프3로 진출하고 5월 5일 오후 2시 10분에 마지막 캠프에 도착했다. 오전 11시 전후로 불어대는 바람은 매서웠다. 온몸이 얼음이 됐다. 햇살마저 없었다면 동태가 됐을 것이다.

한숨 돌리고 저녁 8시 23분 셰르파 셋과 등반 준비를 시작했다. 옹추와 페마가 선두에서 루트를 만들고 막내 셰르파 누루부는 나를 촬영하는 비디오카메라를 잡았다. 텐트 밖은 바람 소리가 요란했지만 장비를 착용하고 밤 9시 텐트를 출발했다.

옹추와 페마가 고정로프를 설치하는 동안 나와 누루부는 아래서 기다려야 했다. 초반에는 고정로프를 설치하며 올라 진행이 더뎠다. 설벽의 고정로프가 끝나는 부분에서 방향을 틀어 오른쪽 벽으로 붙었다. 수직에 가까운 경사여서 주마를 사용해 많은 힘을 쓰며 올라가야 했다. 고정로프가 끝나고 우리 넷은 안자일렌으로 오르기 시작했다. 셰르파들은 산소를 사용했지만 나는 무산소여서 걸음이 느렸다.

오후 2시를 지나자 눈 섞인 바람이 불어 고개를 들 수 없었다. 앞 셰르파의 뒷모습만 보며 걸었다. 바위가 많았다. 거대한 '손톱바위'를 지나 계속 올라가다 어느 지점에 배낭을 내려놓고 깃발만 챙겨 올랐다. 끝나는가 싶으면 다시 조금 내려가며 돌아 올랐다.

5월 6일 오후 5시 40분 심한 눈보라를 뚫고 칸첸중가 성상에 도착했다. 마지막캠프에서 20시간 40분 만이었다. 다른 봉우리를 오를 때의 두 배 정도 시간이 걸렸다. 무산소로 오르는 내가 정상까지 가는 것이 지체되자 셰르파들이 날씨가 더 나빠지기 전에 빨리 사진을 찍고 내려가자고 재촉했다. 셰르파들이 있는 곳까지 가기 힘들어 조금 아래서 사진을 찍고 하산을 시작했다. 불과 10미터도 안 돼 보이는 거리였다. 사진을 찍으며 나는 전체 배경을 넣으라고 "풀샷"을 외쳤다. 품속에 넣고 간 태극기와 회사 깃발은 차례로 꺼내 찍었는데 수원대 산악부기가 보이지 않아 그냥 내려왔다.

마지막캠프에는 이튿날 새벽 2시경 도착했다. 장장 29시간이 걸렸다. 정상에서 내려오면서 고정로프가 있는 설벽 지점까지는 셰르파들과 계속 안자일렌을 하며 내려왔다. 앞장선 두 셰르파는 설사면의 고정로프 앞에 도착하기가 무섭게 안자일렌을 풀더니 쏜살같이 내려가 버렸다.

나는 힘이 없어 미끄러지고 넘어지면서 내려왔다. 다행히 고정로프에 확보줄을 걸고 있어 심한 추락은 없었다. 뒤에는 누루부가 오고 있었다. 그가 오는지를 살피며 내려오다가 나중에는 내가 죽을 정도로 힘들어져 챙길 여력이 없었다.

천신만고 끝에 고정로프가 시작되는 지점에 도착했는데 우리 텐트가 보이지 않았다. 둘러보니 불 켜진 텐트 한 동이 보였다. 다가가니 먼저 도착한 옹추와 페마가 따듯한 차부터 건네주었다. 차를 마시기가 무섭게 엎어져 곯아떨어져 버렸다.

얼마를 잤는지 모르겠다. 소란스러운 소리가 들려 잠에서 깨어났다. 눈을 뜨니 먼저와 있던 옹추와 페마가 누루부를 부축해 텐트 안으로 들어오고 있었다. 옹추와 페마는 아무리 기다려도 누루부가 나타나지 않아 찾아 나서 한참 위쪽 눈밭에 쓰러져 있는 누루부를 깨워 데려온 것이었다. 누루부의 장갑을 벗겨보니 손가락 동상이 진행돼 거무스름하게 변해 있었다.

따듯한 물로 30분 정도 응급처치 해준 후 다시 잠이 들었다. 이튿날 모두 무사히 베이스캠프로 돌아왔고 많은 사람의 축하 속에 기념사진 촬영부터 했다.

칸첸중가 등반 논란은 그 해 11월 24일 <한겨레신문>에 나에 관한 기사가 실리면서 시작됐다. 그 일로 나는 기자회견까지 하며 당시 상황을 마무리짓고 마지막 열네 번째 봉우리인 안나푸르나 등반 준비에만 집중했다.

이듬해인 2010년 8월 21일 <SBS> '그것이 알고 싶다' 방송 후 논란이 재점화됐다. 나는 숨을 쉬기 위해 잠적했다. 나에 관한 기사는 읽지 않았다. 일의 발단이 무엇인지 알고 있었지만 어떻게 대처해야 할지 알지 못했다. <SBS> 박준우 피디는 박영석 대장의 다큐를 여러 편 만들었던 신언훈 국장의 강한 지지 아래 나의 등반에 대한 프로그램을 기획했다. 박 피디는 나와 인터뷰 스케줄을 잡아놓고 네팔로 떠나버렸다. 칸첸중가 등반 때 카메라를 담당한 누루부와 인터뷰하기 위해서였다.

나는 박 피디가 아닌 다른 사람들과 블랙야크 회의실에서 두 시간 동안 칸첸중가 등반 논란에 대한 인터뷰를 진행했다. 김재수는 나와 칸첸중가 등반을 같이 갔던 또 다른 셰르파 페마를 데리고 파키스탄으로 등반을 떠난 상태였다. 박 피디와 김재수가 한 편이 돼 얼마나 치밀하게 준비했을지 짐작이 되고도 남았다.

나중에 방송에는 "페마가 침묵하고 있다"고 거짓말을 하면서까지 박 피디는 나를 모함하는 프로그램을 짜 맞췄다. 나중에 확인한 결과 페마는 "인터뷰 요청을 받은 적이 없었다"고 했다. 김재수가 거짓말로 "페마가 인터뷰를 거절하며 침묵하고 있다"고 전한 것 같았다. 등반 중에 고용된 셰르파는 원정대의 인공위성전화를 마음대로 받거나 쓸 수 없다. 고용주인 김재수의 허락이 있어야 가능한 일이었다. 나중에 페마는 다른 인터뷰를 통해 나의 등정을 인정해 주었다(김동석, 2010).

박 피디는 칸첸중가 정상에 같이 오른 셰르파 셋 중 페마는 김재수가 파키스탄으로 등반을 데리고 가 인터뷰에 응하지 못하게 만들어 침묵하는 것으로 설정했고, 나와의 등반을 돈벌이 수단 삼아 스페인팀 에두르네 파사반과 김재수에게 깃발

로 홍정했던 누루부만 인터뷰하기 위해 출국한 것이었다. 당시 누루부는 홀리 여사에게도 내가 오르지 못한 증거를 가져오겠다 하고선 두문불출했다고 했다. '그것이 알고 싶다'에 나온 누루부의 인터뷰 장면은 14좌를 완등한 한왕용과 누루부가 함께 트레킹 갔을 때 동행한 <경인방송>이 인터뷰했던 장면을 쓴 것이었다. 나는 14좌 등반을 마치고 돌아오는 네팔공항에서 트레킹을 마치고 국내로 들어오는 한왕용을 만났다. 그때 나에게 "들어가면 너 큰일나겠다"고 말했었다. 한왕용은 1997년 가셔브룸 원정 때 고스톱 중 속임수를 쓰다가 나한테 들킨 동기다. 그때는 '왜 저런 말을 하지?' 하며 무슨 뜻인지 몰랐는데 나중에 방송을 보고 그 의미를 알게 됐다.

나의 등정을 의심한 김재수는 "나의 정상사진과 오은선의 정상사진이 달라 이상하다고 느꼈고 내가 제기한 문제는 확실히 매듭짓는 게 낫다고 생각했다"며 처음에는 나의 등반에 대해 "사진이 이상하다", "시간이 이상하다" 하더니 정상에서 산소통을 보았는지, 못 보았는지를 가지고 결정적 증거인 것처럼 나를 몰아댔다.

증언한 대로 내가 올랐을 때는 정상에 산소통이 없었던 것이 밝혀지자 김재수가 "오은선이 떨어뜨린 교기를 정상 200미터 전 지점에서 내가 주워왔다"고 거짓말하면서 나의 등정을 인정할 수 없다고 주장했다. 그 깃발은 내 뒤에 오던 누루부가 주위와 여기저기 흥정하던 것이었다. 내 뒤에 올랐던 다른 팀들도 나의 깃발을 보았다고 증언했다는 말을 들었다.

　방송이 나가고 3개월 정도 지나 나는 몸과 마음을 조금 추스를 수 있었다. 그제야 정신을 가다듬어 나에 관한 기사를 다시 읽어보았다. 그중 2010년 10월호 월간 <산> 기사를 다시 읽어보았더니 다른 외국팀들이 본 깃발의 글씨 색깔과 모양은 내 것과 전혀 다른 것이었다. 기사에 실린 깃발은 노란 글씨의 산각기였고 내가 잃어버린 수원대 산악부 깃발은 빨간색 바탕에 흰색 글자의 사각기였다.

　기사를 쓴 안중국 기자에게 전화를 걸어 알려주었으나 그는 "어찌 됐든 박영석 대장이 주축이 돼 만들어진 비공식 1차 면담 때 내가 오르지 못한 것으로 결론을 내렸다"는 말만 했다. 그때는 나도 참석했었다. 당시 나는 예전에 박 대장을 따라다니며 겪었던 억압적인 어투에 질려 말도 제대로 못했었는데 어이가 없었다. 안 기자는 명백한 자신의 실수에 사과 한마디 없었다.

<SBS>는 처음부터 내가 오르지 못한 것으로 정해놓고 짜 맞추기식 프로그램을 만들었고 월간 <산> 안 기자 역시 내가 오르지 못했다는 전제로 기사를 썼다.

방송(2010. 8. 21.)으로 나의 칸첸중가 등정 논란이 재점화되기 무섭게 기다렸다는 듯이 이인정 대한산악연맹 회장이 칸첸중가 등반자들을 모아놓고 나의 등정이 맞는지를 묻는 회의를 2010년 8월 26일 했다고 들었다. 회의장 밖에서 <SBS> 박 피디가 기다리는 가운데 나 없이 참석자들의 거수로 나의 등정을 인정하지 않는 쪽으로 결정을 내렸다고 한다. 나는 그 모임 이틀 전에 참석해 달라는 연락을 받았지만 그 모임의 주동자들을 알기에 참석할 수 없었다.

박 대장과 이 회장은 동국대 산악부 선후배였다. 이 회장의

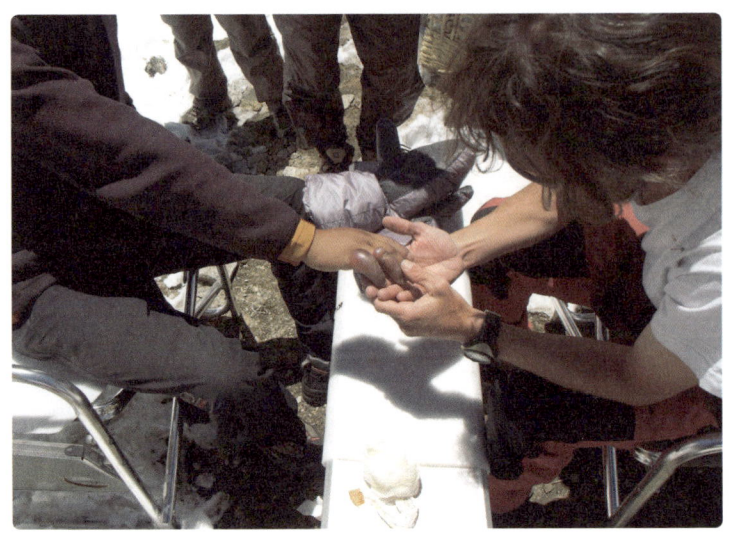

한마디에 박 대장은 무릎 꿇고 머리를 조아린다는 얘기를 수없이 들었었다. 그 일로 나의 칸첸중가 등반은 '논란 중'이라는 꼬리표를 달게 됐다. 우리나라 최고의 역사와 전통을 자랑하는 한국산악회는 "확실한 증거가 나오기 전까지 나를 인정한다"고 했지만 꼬리표를 떼기에는 역부족이었다.

칸첸중가 등반 논란에 대한 나의 양심은 정상에서 내가 외친 '풀샷'에 있다. 등반 떠나기 전 만난 월간 <산>의 한필석 기자와 안 기자로부터 정상이 애매한 경우 하늘을 배경으로 상반신만 찍는 경우가 있었다는 이야기를 들었기 때문이었다. 나도 로체를 홀로 등반할 때 셀카를 찍었던 적이 있었다. 그때는 정상 부위를 찍고 셀카를 찍었기 때문에 아무런 문제가 되지 않았다. 게다가 등반을 마치고 철수하는 도중 나보다 하루 먼저 정상에 깃발을 설치한 팀을 만났었다. 그들이 나의 등정을 인정해 주는 메모를 써 주었었다.

그렇게 나의 히말라야 14좌 완등은 언론을 통해 표출된 남성산악인들과의 갈등으로 '세계 여성 최초'의 영광이 아니라 '논란 중'이란 상처만 안게 됐다. 목숨을 건 등반에 대해 스포츠적 관점에서 보도하던 언론과의 갈등은 표면적인 모습이었고, 내부로 들어가 보면 산악계 중심에 서 있던 남성산악인들과 갈등이었다.

운명을 갈라놓은,
낭가파르바트 (8,126m)

파란 꽃이 흐드러지게 핀 풍경이 눈에 들어왔다.
파란색 꽃을 보니 파란 우모를 입고 있던
그녀의 마지막 모습이 아른거렸다.
그날 그녀의 시신을 수습했다는 소식을 들었다.
그렇게 낭가파르바트는 '언론이 만들어 놓은'
라이벌 관계인 그녀와 나의 운명을 갈라놓았다.

2009년 봄, 네팔에 있는 칸첸중가(8,586m)와 다울라기리(8,167m) 등반을 마치고 귀국 후 10여 일 만에 다음 등반을 위해 출국했다. 목적지는 파키스탄에 있는 낭가파르바트(8,126m)와 가셔브룸I(8,068m) 두 봉우리였다.

가셔브룸I은 K2와 브로드피크, 그리고 가셔브룸 산군들이 모여 있는 카라코람 지역에, 낭가파르바트는 길기트발티스탄 지역에 홀로 뚝 떨어져 있는 산이다. 히말라야산맥 쪽 끝에 있다. 낭가파르바트는 우루두어로 '벌거벗은 산'이라는 뜻이다.

6월 8일 파키스탄의 수도 이슬라마바드에 도착했다. 행정 절차를 마치고 식량과 장비를 보충해 14일 항공편으로 길기트에 도착했다. 장시간 버스를 타지 않은 것만으로도 행복했다. 그곳에서 먼저 들어와 있던 <KBS> 다큐팀과 합류했다. 그 등반에는 나도 별도의 응원군이 있었다. 학교는 다르지만 산악부 남자 동기 김유진, 이영주가 함께했다. 그중 유진은 나의 제부다. 블랙야크에서 파견된 직원으로 수원대 산악부 후배 백동민이 베이스캠프매니저를 맡아 모든 행정과 경비를 집행했다. 나는 등반만 하면 됐다.

6월 18일 할레리(1,700m)를 출발해 메스너스쿨(2,700m)에 도착했다. 몸이 무겁고 상태가 좋지 않았다. 2,700미터에 위치한 야영지에 도착하자마자 보온을 위해 털모자로 바꿔 썼다. 이튿날 3,700미터에 위치한 야영지로 이동하는데 전날보다 몸이 가볍고 상태가 좋았다. 머리를 보온한 덕분인 것 같았다.

6월 22일 4,200미터 베이스캠프에 입성했다. 듣던 대로 넓었다. 먼저 들어온 다른 팀들이 좋은 자리를 차지한 상태였다. 우리 팀은 왼쪽 한편에 자리잡았다. 쌓인 눈부터 치우고 땅을 말린 다음 텐트를 치자니 시간이 걸렸다.

베이스캠프 구축하는 데만 며칠 걸렸다. 그 상태면 등반도 힘들 것 같았다. 쌓인 눈이 다져지기를 기다려야 했다. 눈을 치운 자리는 질척거렸다. 기분도 질척거렸다. 상상했던 잔디는 온데간데없고 흰 눈뿐이었다.

베이스캠프에 도착한 날 간신히 다이닝과 키친, 그리고 개인텐트를 쳤다. 다이닝 자리도 질척거렸다. 눈이 녹으면서 생기는 물 때문이었다. 텐트 주변으로 물길을 만들어주니 한결 쾌적해졌다. 1주일은 지나야 베이스캠프가 안정될 거 같았다.

둘째 날 오스트리아 출신 기이 프리드가 이끄는 국제팀은 베이스캠프에 들어와 있는 모든 사람을 점심식사에 초대했다. 그 팀 멤버 중 하나가 등반 떠나오기 3주 전 사고로 유명을 달리해 추모제를 지내는데 마음을 모아달라고 했다. 망자에 대한 예의를 갖추는 일은 서양이나 동양이나 다름없었다.

낭가파르바트 8,126m ▲ 249

그 팀 멤버 중에는 전년 봄 마칼루 등반 때 만난 스위스 친구도 한 명 와 있어 인사를 나눴다. 이란팀에는 전년 낭가파르바트를 등반하다 정상 부근에서 사라진 아들을 찾아온 아버지가 있었는데 포르투갈 등반가 조아오가 함께하고 있었다. 조아오는 전년 여름 브로드피크 등반 때 나보다 먼저 정상에 올랐었다. 그와도 인사를 나누었다.

이곳에는 고미영·김재수팀 대원인 윤치원도 혼자 먼저 들어와 루트를 만들고 있었다. 고미영과 김재수는 칸첸중가 등반을 마치고 네팔 카트만두에서 휴식을 취한 뒤 곧바로 이곳으로 들어올 예정이라고 했다. 베이스캠프에 있는 모든 사람이 우리 팀 정부연락관 알리에 의해 내가 14좌 중 12좌를 도전 중

임을 모두 알고 있었다. 조금 우쭐해졌다.

    6월 22일 새벽 6시 10분 베이스캠프를 출발했다. 나와 동기인 김유진, 이영주, 후배 백동민, 셰르파 옹추, 페마, 고소포터 둘, 그리고 카메라맨 정하영 차장이 움직였다. 몸 상태는 괜찮은 편인데 다리 힘이 약해진 느낌이었다. 오전 11시 30분 4,700미터 캠프1에 도착했다. 눈이 없을 때는 캠프1을 전진캠프로 썼다고 했다. 그때는 운동화 신고 간 곳을 이중화나 삼중화를 신고 가야 했다. 캠프1 왼쪽으로 거대한 눈사태 흔적이 보였다. 자연의 힘을 실감했다.

    4~5인용 텐트 한 동만 쳐놓고 베이스캠프로 내려왔다. 오전에 오를 때는 크러스트돼 있던 눈이 내려올 때는 녹아 다리가 푹푹 빠졌다. 체력 소모가 두 배 이상이었지만 초반 몸풀기로는 적당했다. 하루 쉬고 24일 캠프1을 지나 5,300미터까지 올렸다가 베이스캠프로 돌아왔다.

    베이스에서 캠프1까지 2시간 30분이 소요됐다. 첫 번보다 1시간 단축된 것이다. 몸이 가벼워 좋았다. 캠프1 위로 1,500미터가 넘는 설벽을 탔다. 내려올 때는 일부 구간을 백클라이밍(Back climbing) 했다. 경사가 급했기 때문이다. 홍성준 카메라감독이 제법 잘 걸었다. 캠프1 이후에는 대원들보다 빨랐다. 적당한 구간에서 모두 내려 보내고 나와 정 차장은 최대한 더 올렸다가 내려왔다.

6월 27일 캠프1에서 자고 이튿날 캠프2까지 진출했다. 배낭 안에는 침낭과 우모복 상·하, 간식, 고글, 여벌 옷, 양말 등이 들어 있었다. 몸이 무거우니 짐도 무거웠다. 국제팀까지 같이 움직여 매우 더뎠다. 대암벽 구간에서 오래 지체됐다. 촬영 때문에 더 지체됐다. 다음번에는 베이스에서 바로 캠프2로 올라갈 계획을 세웠다.

동민과 영주, 정 차장은 먼저 내려가고 나만 캠프2에 남았다. 스코틀랜드에서 온 두 어르신과 그 팀 고소포터 둘이 위쪽 텐트에 있었다. 등반 중에는 서로 인사를 했었는데 캠프2에 와서는 아무도 아는 척을 하지 않았다. 각자 텐트에 들어가 쉬는 모양이었다. 그만큼 힘들었다.

29일 베이스캠프로 돌아와 7월 6일까지 발이 묶였다. 날씨 때문이었다. 베이스에 있는 동안 뒷동산에 오르내리며 계속 몸을 움직여 주었다. 어느 날 베이스캠프 분위기가 심상치 않았다. 국제팀과 김재수팀 간에 험한 기운이 감돌았다. 김재수팀 윤치원이 제일 먼저 베이스캠프에 들어와 루트를 만들고 있었는데 국제팀이 도와주지는 않고 고생해 구축한 고정로프만 사용하고 있다고 했다. 같은 한국인인 내가 중재를 맡았다.

나는 베이스에 있는 팀의 리더들을 국제팀 텐트로 불러 회의를 시작했다. 안건은 세 가지였다. 첫째, 로프 사용 여부와 둘째, 차후 루트 구축하는 문제, 그리고 마지막으로 정상시도 디데이를 잡는 것이었다. 7월 10일로 잡혔다.

회의는 순조롭게 마쳤지만 당사자 윤치원의 마음이 상해 있어 그와 대화했다. 불만을 들어주면서 기분을 풀어주는 것이 내가 할 수 있는 전부였다. 나 역시 칸첸중가 등반 때 비슷한 입장이었기 때문에 윤치원의 마음을 충분히 이해하며 대화를 나눴다. 윤치원은 애쓴 것을 인정받자 조금 누그러졌다.

7월 7일 모든 팀이 정상시도를 위해 위쪽 캠프로 올라갔다. 전날 캠프1으로 올라간 사람들은 캠프2로 올라가고 나는 베이스캠프에서 캠프2까지 진출했다. 이튿날 캠프2에서 하루 더 체류했다. 일기예보와 달리 바람 한 점 없이 맑았다. 7월 9일 캠프2에서 마지막캠프로 바로 진출했다. 발걸음도 가볍고 몸 상태도 좋았다.

10일 자정 정상시도를 하려는데 모두 컨디션이 좋지 않아 출발이 지연됐다. 정 차장은 밤새 앉은 자세로 지새워 더욱 좋지 않아 보였다. 나와 두 셰르파를 한 조로 묶고 정 차장과 두 고소포터를 한 조로 묶어 11일 새벽 2시 48분 어둠 속에서 정상을 향해 출발했다.

비슷한 시각 마지막캠프에 있는 모든 팀이 정상을 향해 오르기 시작했다. 내 앞에는 고미영·김재수팀이 가고 있었다. 얼마 지나지 않아 그들을 추월했다. 고정로프 없이 모두 각개전투였다. 5시간쯤 지났을 때 포르투갈 조아오가 8시라고 알려주었다. 정 차장과 두 고소포터 조는 어느 순간부터 보이지 않았다. 정 차장에게 산소를 마시면서 등반하라고 권했었는데 그냥 오르더니 힘이 들어 포기한 것이었다.

국제팀 두 명과 포르투갈 조아오 포함 이란팀 셋, 나 포함 우리 팀 셋, 이렇게 여덟이 선두그룹이었다. 정상 부위에 다다랐을 때는 국제팀 한 명은 뒤쳐졌고 일곱은 비슷한 시각 시즌 첫 등정자가 됐다. 나는 13시 47분 조아오 다음으로 정상에 섰다. 사진만 찍고 하산을 시작했다. 한참을 내려갔는데 고미영과 김재수가 보이지 않았다. 되돌아갔나 보다 생각하고 내려오는데 무리를 지어 올라오고 있었다. 날이 저물 시각이었다. 걱정이 됐지만 등반 경험이 많은 김재수가 이끄는 팀이어서 아무 말도 할 수 없었다. 그들로부터 축하인사를 받고 조심하라는 말을 남기고 헤어졌다.

하산 도중 졸음이 밀려왔다. 10미터를 못 가 쉬기를 수십 번 반복하며 저녁 7시쯤에야 마지막캠프에 도착했다. 그대로 쓰러져 시체처럼 잠들어 버렸다. 정신없이 자고 있는데 베이스캠프에서 무전이 왔다. 김재수팀으로부터 구조요청이 들어왔다는 것이었다. 어찌 할지 생각만 하고 있는데 국제팀 리더 프리드가 찾아왔다. 어차피 자기 팀이 정상시도를 위해 출발하려던 참이었다며 구조용 산소와 기타 장비를 챙겨가 도와주겠다고 했다. 미안하고 고마운 마음에 장비를 모두 챙겨 보냈다. 우리 팀 정 차장이 쓰지 않은 산소 한 통과 레귤레이터, 산소마스크, 그리고 정상 다녀오며 우리 팀이 안자일렌 할 때 사용했던 로프와 내가 쓰던 보온병에 따듯한 물을 채워 건넸다. 밤새 한숨도 못 잤다. 새벽 6시 전후해 김재수팀이 도착했는지 밖이 소란스러웠다. 나가 보니 그 팀의 고소포터가 보였다. 모두 무사하다고 했다. 전날 밤 건네준 장비를 잘 전달받았나 보다 생각하고 7시쯤 혼자 베이스캠프를 향해 출발했다.

    오를 때보다 길게 느껴지는 하산길을 무사히 마치고 오후 2시경 베이스캠프에 도착했다. 탕! 탕! 탕! 탕! 갑자기 다섯 발의 총소리가 울렸다. 우리 팀 셰르파가 그때 시즌 제일 먼저 정상을 밟았기 때문에 '대장'인 내가 베이스캠프에 도착했을 때 총포를 쏜 것이었다. 멋졌다. 이때까지만 해도 모든 것이 평화로웠다.

    저녁식사를 마치기 직전 김재수팀 베이스캠프매니저로 들어와 있던 기형희 선배가 고미영이 미끄러져 추락했다고 했다. 김재수는 먼저 캠프2로 하산했고 고미영 바로 뒤에 오고 있던 윤치원이 잡으려 했지만 놓쳤다고 했다. 캠프2에 먼저 도착해 짐 정리를 하던 그 팀의 포터도 고미영이 떨어지는 것을 보았다고 했다. 절망적이었다. 캠프2는 양쪽 절벽이 모두 천길 낭떠러지였다. 메스너루트 쪽으로 떨어졌다고 했다.

날은 어두워졌고 속수무책이었다. 캠프3에서 캠프2로 내려오는 구간 중 캠프2 바로 위 10여 미터 구간에는 고정로프가 없었다. 그곳에서 벌어진 일이었다.

나 역시 그 구간을 내려올 때 미끄러지면 끝이기 때문에 피켈을 눈 속 깊이 힘껏 박으며 한 발 한 발 내려왔었다. 우리 팀은 철수 날짜를 취소했다. 무엇이든 도와야 했다. 우리 팀 위성전화와 발전기 등이 그 팀에서 유용하게 쓰이고 있었다.

이틀날 수색헬기가 날아왔다. 20여 분 만에 그녀의 시신이 발견됐다. 수습이 만만치 않았다. 헬기는 이틀날 장비를 챙겨 다시 오기로 하고 돌아가 버렸다. 이틀날은 아침부터 비가 와 헬기가 뜰 수 없었다. 그런데다 파키스탄 군부는 2차 사고 위험 때문에 시신수습작업은 안 된다고 했다.

안타까운 시간만 흘렀다. 낮에 잠시 날씨가 개는 것 같더니 오후에 다시 바람이 불고 흐려졌다. 빙하 위에 있는 고미영이 안쓰러웠다. 빨리 따듯한 장소로 옮겨 편히 쉬게 해주어야 했다. 오전에는 계속 비가 오고 낮에 잠시 개다가 오후에는 다시 흐려졌다. 생업 때문에 우리 팀 방송팀과 동기 둘은 먼저 하산하기로 결정됐다. 김재수팀 텐트에 나를 비롯해 국제팀 리더 프리드, 김재수와 기형희 선배, 윤치원과 막내, 정부연락관이 참석한 가운데 10일 밤 SOS를 요청했을 때의 상황에 대한 오해가 풀렸다. 그날 밤 구조 요청하고 내려오는 김재수팀과 올라가는 국제팀의 길이 엇갈려 지원했던 구조장비를 전달받지 못한 것이었다.

서울에서 사고 수습을 위해 지원조가 베이스캠프로 오는 날 우리 팀은 철수했다. 시신 수습에 도움 될 수 있는 당카용 간이 침대와 PP로프 등 모든 장비를 지원조에 챙겨주고 나왔다. 내려오는데 오른쪽 다리가 너무 아팠다. 주무르며 걷는데 파란 꽃이 흐드러지게 피어있는 풍경이 눈에 들어왔다. 파란색 꽃을 보니 파란 우모를 입고 있던 고미영의 마지막 모습이 아른거렸다. 그날 고미영의 시신을 무사히 수습했다는 소식을 들었다. 그렇게 낭가파르바트는 '언론이 만들어 놓은' 라이벌 관계인 고미영과 나의 운명을 갈라놓았다.

마음은 발걸음보다 한 걸음 뒤에, 안나푸르나(8,091m)

마음이 발걸음보다 앞서지 않게 하려고 했었는데
마지막 등반인데다 HD생방송까지 하는 상황이라
마음의 속도를 제어하지 못하고 만 것이었다.
호흡을 가다듬으며 내 속도대로 오르기 시작했다.

2009년 9월 14일 인천공항을 출발한 비행기는 카트만두까지 직항이었다. 인천-카트만두 정기직항은 2006년 11월 13일 첫 운항을 시작했다. 주 1회 운행하다가 이용승객이 늘어 2회로 늘어났다. 14일 오전 9시 10분 이륙해 6시간 15분을 날아갔으나 카트만두에 도착했을 때는 같은 날 12시 10분이었다. 네팔은 한국보다 3시간 15분이 느리다. 한 해에 여러 등반을 하다 보니 모든 준비가 일사천리로 진행됐다. 카트만두에 도착하자마자 인터뷰가 기다리고 있었다. 한국인이 운영하는 식당에서 점심식사를 마친 후 인터뷰를 했다. 식당 주인 남편은 <사람과 산>에서 파견한 기자였다.

2009년 안나푸르나 등반 때 <KBS>는 피디와 기자를 세 명씩 파견했고, <동아일보>에서는 한우신 기자 한 명만 파견해 동행했다. 팀닥터 안재용과 낭가파르바트 때도 함께한 동기 이영주, 그리고 모든 행정과 경비 처리를 맡은 블랙야크 박용학 부장이 동행했다.

나를 포함해 한국에서 온 12명과 현지에서 합류하는 셰르파들과 키친스태프까지 합하면 27명이 한 팀으로 움직이게 됐다. 혼자 하는 등반이었지만 방송과 언론이 합류하면서 대규모 원정대가 돼 버렸다. 9월 15일 카트만두에서 포카라까지는 국내선을 이용하고 포카라에서는 나야풀을 경유해 베니까지 버스로 이동했다. 다시 버스를 갈아타고 타토파니(TATOBPANI,

1,190m)에서 하룻밤을 보냈다. 이튿날 가사(GHASA, 2,010m)까지는 버스로 이동하고 레테(Lete, 2,480m)까지는 두 시간 남짓 걸었다. 그날 생리가 시작됐다.

등반 중이던 7월에는 24일에 시작했고 등반을 마친 다음에는 30일 주기로 8월 23일에 했었는데 이번 달은 일주일이 당겨졌다. 몸이 힘들다는 신호였다. 레테에서 하루 체류하며 근처 학교에 학용품을 전달하는 방송용 퍼포먼스도 했다. 방송이 아니어도 할 일이었지만 그렇게라도 하게 돼 기뻤다.

이튿날 오전 7시 출발해 해발 3,260미터에 있는 카르카에서 야영했다. 이름 모를 꽃들이 흐드러지게 피어 있고 평평하진 않아도 하룻밤 보내기엔 괜찮았다. 카르카에서 하룻밤을 보내고 이튿날 닐기리 베이스캠프(4,200m)까지 올랐다. 조금 오르니 다울라기리가 왼쪽으로 나타났다. 5월 그곳을 등반할 때는 그렇게 힘들게 했는데 이날은 벗이 돼 주었다. 다울라기리는 평화롭고 아름다운 표정이었다. 닐기리 베이스캠프에서 하룻밤을 지내고 이튿날은 전년 베이스캠프(3,900m)였던 곳으로 내려와 운무 속에 눅눅하게 보냈다.

9월 21일 오전 11시 안나푸르나 북면 베이스캠프(4,200m)에 도착했다. 선발대로 먼저 들어와 준비하던 백동민이 반겨주었다. 베이스캠프 바로 아래에는 에메랄드빛 호수가 있고 올라서면 축구장보다 몇 배 넓은 공터가 있었다.

베이스캠프에는 김재수가 카메라맨 한 명이 들어와 있었다. 그리고 홍보성이 이끄는 부산팀, 그리고 열 손가락이 다 없는

장애인등반가 김홍빈 대장도 있었다. 김 대장은 히말라야 14좌를 목표로 등반 중이었다. 이렇게 14좌에 도전 중인 4개의 한국팀이 같은 베이스캠프에 모였다.

베이스캠프에 도착한 날 밤, 에스컬레이터를 타고 내려가는데 하얀 바지와 하얀 티를 입은 고미영이 에스컬레이터를 타고 올라오는 꿈을 꾸었다. 모두 좋은 꿈이라고 했다. 내가 내려가는 장면이 마음에 걸리긴 했지만, 나는 살아있기에 잘 살면 된다고 생각했다.

라마제 지내는 날은 거짓말처럼 맑아졌다. 앞으로의 등반에 관한 메시지를 보내주는 듯했다. 베이스캠프 하늘에 나부끼는 오색깃발과 한국에서부터 준비해온 만국기가 화려했다. 멋져 보였지만 규모가 너무 커 민망하기도 했다. 라마제를 마치고 전진캠프에 다녀왔다. 전진캠프 가는 길은 생각보다 험했다. 그 위로 보이는 루트도 만만치 않을 것 같았다. 약간의 긴장감은 나의 등반 의욕을 불러일으켰다. 가벼운 운동이라 생각했는데 저녁식사 때 입맛은 오히려 떨어졌다. 마음이 급했나 싶었다. 입맛을 잃는 것도 고소증세 중 하나였다.

라마제를 지낸 이튿날 반가운 사람이 왔다. <사람과 산> 기자인 신영철 선배였다. 예정보다 일찍 도착해 뜻밖이었다. 그는 오기 전 시샤팡마 베이스캠프에 들러 14좌 도전 중인 파사반도 만나고 왔다.

9월 26일 김재수팀에서 다시 사고가 났다. 그 팀은 계속 사고가 났었다. 2008년 K2 등반 때는 멤버 셋과 셰르파 둘이 사망하는 사고가 났다. 이번 여름 낭가파르바트 등반에서는 자신이 매니저를 맡은 고미영이 추락사했다. 그리고 안나푸르나 등반 중 세 번째 사고가 터진 것이다. 셰르파 넷이 캠프2에서 캠프3까지 루트를 만드는 중 눈사태가 났는데 촬영하던 카메라맨이 눈사태 후폭풍에 휩쓸려 다리가 부러졌다. 불행 중 다행으로 셰르파 넷은 경미한 부상만 입었다. 같은 날 운행하려던 우리 팀은 등반을 중단하고 부상자 구조와 수송을 도왔다. 우리 팀 안재용 닥터가 마침 정형외과전문의여서 제대로 된 응급처치가 이루어졌다. 김재수는 환자와 함께 헬기로 떠났다.

27일 캠프1(5,400m)까지 진출했다. 올라가는 도중 전진캠프에서 밥을 먹고 바로 움직였더니 속이 부대꼈다. 히말라야 햇볕은 옷을 뚫고 살갗까지 파고들었다. 반면에 공기는 차가웠다. 몸은 더워도 목과 머리 보온은 신경써야 했다. 이튿날 베이스캠프로 내려와 며칠 휴식한 후 10월 1일 다시 캠프1으로 올라갔다.

이튿날 단숨에 캠프3(6,710m)까지 1,310미터 고도를 올리며 고소적응을 했다. 3일 캠프3에서 바로 정상시도를 했지만 짙은 운무 속에 눈까지 내려 돌아서야 했다. 정상까지 두세 시간 남겨둔 거리였다. 캠프3에서 함께 출발한 부산팀은 일찌감치 돌아섰지만 내 뒤를 따라오던 김홍빈 대장은 우리 팀이 돌아서고 나서야 후퇴를 시작했다. 내려오는 도중 미끄러지면서 힘들어하는 모습을 보였다. 김 대장이 장애인으로는 세계 최초로 히말라야 14좌를 완등에 성공했지만 2021년 마지막 봉우리 브로드피크 등정 후 하산 도중 추락해 실종됐다.

저기압에 계속 눈 내리는 날씨가 지속됐다. 제트기류 영향권에 들면서 꼼짝 못했다. 10월 11일 전진캠프에 올라가 보니 모든 텐트가 눈 무게를 견디지 못하고 무너져 있었다. 그곳에서 본 캠프3는 흔적도 보이지 않았다.

 이제는 날씨 때문이 아니라 장비가 없어 등반이 불가능했다. 내년을 기약하며 철수해야 했다. 나의 칸첸중가 등반에 대한 첫 논란은 2009년 11월 24일자 <한겨레신문>에 기사화됐다. 당사자인 나에게 한마디 확인도 없이 기사를 쓸 수 있다는 사실을 처음 알았다. 12월 4일 논란을 만든 <한겨레신문>을 비롯해 여러 인터넷포털사이트 관계자들을 불러 기자회견을 했다. <한겨레신문>과는 정정기사를 내는 것으로 일단락했다.

14좌 마지막 한 봉우리를 남겨두고 세인들의 관심이 더욱 커졌다. <KBS>는 최초 히말라야 HD생중계를 계획했다. 비용과 인력이 많이 드는 일이었다. 회사간 정리할 문제가 돼 버렸다. 나는 등반에 집중했다. 그것이 응원해주는 이들에게 보답하는 길이라 생각했다.

2010년 3월 5일 발대식 후 8일에 혼자 네팔로 먼저 출국했다. 그리고 안나푸르나 남벽 쪽에 있는 트레킹 피크 중 텐트 픽 봉우리를 등반했다. 키친스태프와 셰르파 한 명하고만 움직였다. 홀로 고소적응 하면서 등반 논란으로 상처받은 나를 추스르기 위한 것이었다.

카라반 도중 히말라야에 발자취를 남긴 선배들을 생각했다. 1960년대, 70년대 히말라야 등반을 개척한 이들이 있었기에 나 같은 후배가 있음을 상기했고, 내 뒤에 오는 후배들에게 좋은 본보기가 돼야 한다는 의무감이 생겼다.

> 먼저 유명을 달리한 선·후배들께 머리 조아려 묵념합니다. 진정한 산악인의 자세가 무엇인지 후배들에게 어떤 본보기가 돼야 하는지 가슴 깊이 고민하고, 내·외국인을 망라하고 훌륭한 산악인의 발자취를 따라가겠습니다. 고통. 힘들었습니다. 한 줄기 눈물만이 유일한 답변입니다. 죽음의 고통 속에서도 견딜 수 있었던 것은 좋아하는 곳에서 좋아하는 일을 하고 있었기 때문입니다. (2010. 3. 16. 일기)

　트레킹 피크 등반은 칠흑 같은 어둠 속에서 5,680미터 지점까지 도달하고 길을 헤매다 내려왔다. 고소적응을 하며 몸과 마음을 추스르는 일이 주목적이었기 때문에 즐거운 마음으로 하산했다. 하산 길은 덥지도 춥지도 않은 선선한 길이었다. 많은 트레커가 움직이고 있었다. 그들 중 한국 트레커들이 나를 알아보고 따뜻한 시선을 보내주었다.

　수목한계선 아래로 내려오니 산은 랄리구라스로 붉게 달아올라 있었다. 자연의 위대함을 느끼며 황홀경에 빠져들기도 했다. 꽃나무가 뿜어내는 향기에 취해 걷다 보니 고레파니(GHOREPANI, 2,860m)였다. 이튿날 이곳을 출발해 치트레(Chitre)와 시카(Shikha)를 거쳐 가라(Ghara, 1,700m)에서 점심식사 후 지난가을 왔던 타토파니(TATOPANI, 1,190m)에서 백동민을 만났다. 그와 함께 레테를 거쳐 마르파(Marpa)를 향해 카라반을 시작했다. 집들이 티베트풍이었다. 바람과 먼지 때문에 사각형의 높은 담이 집을 둘러싸고 있었다. 집 안으로 들어서면 고요하고 아늑했다. 담과 지붕 위에는 나무가 잔뜩 쌓여 있었다. 롯지를 향해 가는 오밀조밀한 길이 정겨웠다.

백동민과 헤어지고 혼자 토롱LA패스(Torong LA Pass, 5,416m)까지 다녀올 계획이었지만 묵티나트에서 쉬기로 결정했다. 등반을 시작하기 전에 힘 뺄 일이 아니었다. 근육을 단련해야 한다는 강박에서 벗어나야 했다. 몸보다 마음을 다스리는 일이 중요했다.

마음의 중심을 잡으려 애를 써도 뭐가 뭔지 모르겠는 이 상황을 어떻게 정리해야 할지 모르겠다. 내 자신을 살피자. 안으로 나를 살피라고 하는데 그게 뭔지조차 잘 모르겠다. 어떻게 해야 하나? 명상을 하면 좋다는데 오늘부터라도 시도해 봐야겠다. 해 보지도 않고 뭐가 뭔지 모르겠다고 하는 나 자신의 게으름부터 벗어 던져야겠다. 늘 자신 있었는데 누가 뭐라 하든 내 자신에 대한 자부심이 강했는데 모든 게 흐려졌다. (2010. 3. 28. 일기)

혼자 트레킹 하며 지내는 동안 법정 스님의 《한 사람은 모두를 모두는 한 사람을》을 읽었다.

『물, 바람, 햇빛, 나무, 공기 어떤 대가도 바라지 않고 무상으로 준다. 자연의 혜택, 무상의 은혜와 보살핌』

새삼 자연의 은혜와 보살핌 속에 이어가고 있는 우리의 삶이 얼마나 아름답고 소중한가를 생각하게 됐다. 나를 성원해 주는 이들에게 50장의 엽서를 썼다. 손가락이 떨어져 나가는 것 같았지만 보람찬 하루였다. 3월 30일 레테에서 방송팀과 합류했다. 1년 전 여섯 명이었던 것과는 비교가 안 될 정도로 대규모 방송팀이었다.

나는 와 보았던 길이라 수월했지만 방송팀이 고생이었다. 4,000미터를 넘으면서 김정균 피디와 김경수 기자가 토를 할 정도로 힘들어했다. 그럴 때는 고도를 낮추는 방법밖에 없는데 다행히 이튿날 고도가 낮은 지역에서 머물게 돼 상태가 호전되었다. 4월 4일 베이스캠프에 입성했다. 숫자 4가 두 번이나 겹쳤다.

안나푸르나 8,091m

나에게는 좋은 징조였다. <KBS> 22명, LG텔레콤 1명, 싱가포르 통신사 1명, 네팔 방송국 2명, 블랙야크 3명, 월간 <산> 신영철 기자 등 30명, 셰르파 5명 포함 현지 스태프 20명, 총 50명이 나의 팀이었다.

베이스캠프에 입성하자마자 세팅하며 방송 준비하는 동안 3시 이후부터 갑자기 많은 눈이 내렸다. 그 눈은 히말라야 생중계 첫 방송을 운치 있게 만들어주었다. 천운이었다.

한국시간 9시 뉴스 진행 중에 보낼 파일이 애를 먹이다가 극적으로 전송됐다. 그날 밤 섬뜩한 꿈을 꾸었다. 14좌 등정을 마친 박영석 대장이 검은색 빵모자를 푹 눌러쓰고 있었는데 이상한 색깔의 눈빛으로 나를 위협하는 중 깼다. 꿈 이야기는 아무에게도 하지 않았다. 그때 안나푸르나 북면 베이스캠프에는 파사반도 들어와 있었다. 파사반팀도 만만치 않게 많은 인원이 들어왔다. 나를 반겨주는 파사반의 모습에서 경쟁의식보다 동료의식이 강하게 느껴졌다. "히말라야만 다니다 보니 남자친구가 모두 떠나버렸다"며 "우리끼리 얘기"라고 하는 모습이 귀여웠다. 방송팀과 함께 다니는 고충과 산에 관한 느낌도 나와 비슷했다.

"다른 사람과의 경쟁이 아니라 자신과 산의 문제로 여기고 자신의 등반을 하는 것이 중요하다"는 그녀의 말에 공감했다. "산에 와서야 비로소 쉴 수 있다"는 말에는 120% 공감했다. 어디서 구했는지 나의 팸플릿을 들고 루트에 관한 이야기도 잠시 나눴다. 무사등반을 기원하며 사진도 한 장 박았다.

4월 7일 라마제를 지낸 이튿날 몸살 기운이 있어 캠프1에서 머물렀다. 굉음과 함께 눈사태가 나더니 후폭풍이 캠프로 밀려오고 있었다. 얼른 텐트 지퍼를 내렸다. 폭풍이 멈추고 나가 보니 캐빈 두 동이 망가지고 등반텐트도 성치 않았다. 카메라감독은 장비가 날아갈까 사투를 벌이고 있었다.

'몸 상태가 좋아 캠프2로 오르다 후폭풍을 만났다면?'

끔찍했다. 알 수 없는 무언가가 보호해주고 있었다. 매사 감사하며 살기로 했다. 다친 사람이 없는 게 다행이었다.

베이스캠프에 모여 재정비하는 동안 폴란드 여성등반가 깅가민가와 함께 온 14좌 등정의 마지막 봉우리에 도전하는 남자등반가, 2008년 브로드피크와 2009년 낭가파르바트 등반 때 만난 포르투갈인 조아오가 헬기로 입성했다. 조아오는 4월 10일 들어와 1주일 만에 파사반과 정상에 섰다. 정상에서 내려온 파사반은 14번째 봉우리를 오르기 위해 바로 날아갔다. 그때 나는 목감기로 고생하고 있었는데 눈이 오고 우박까지 쏟아지는 날이 계속되는 며칠 동안 휴식을 취하며 몸 상태가 호전될 시간을 벌었다.

 4월 18일 6시 아침식사를 하고 6시 50분 위성 연결을 마친 후 생방송에 출연했다. 캠프1을 향해 출발하는데 생방송까지 신경을 써야 하는 일이 버거웠다. 다큐 촬영할 때는 카메라가 나를 따라오는 것이라 속도만 늦춰주면 됐는데 생방송은 많은 사람의 생각과 입장에 맞춰야 해 등반에 집중하기 어려웠다.

방송 때문에 흔들려선 안 된다고 다짐했다. 나는 나이기 때문에 내 방식대로 등반해야 한다고 생각했다. 4월 25일에 1차 정상시도에 맞추어 22일 오전 7시 베이스캠프를 출발해 곧바로 캠프2까지 진출했고 이튿날은 캠프3까지 진출했다. 안나푸르나 등반은 캠프간 이동 중에 눈사태가 많이 나서 상당히 위험한 산이다.

캠프2를 출발하고 얼마 지나지 않아 캠프3 가는 계곡에서 눈사태가 났다. 나보다 먼저 출발한 우리 팀 셰르파들에게 후폭풍이 덮쳤고 그들은 모두 시야에서 사라졌다. 가슴이 철렁했다. 잠시 후 후폭풍이 가라앉으면서 한 명 두 명 움직이는 모습이 보였다. 모두 무사했다.

눈사태에 이란 등반가 한 명은 300미터나 날아갔다는데 많이 부풀린 이야기 같았지만 본인은 그렇게 느낄 수 있겠다고 생각했다. 나 역시 벽을 올라가다 후폭풍을 맞았는데 운행에 지장은 없었다.

오전 11시 40분 캠프3에 도착했다. 캠프3는 빛이 들지 않는 자리였다. 온종일 2~3시간밖에 해가 들어오지 않았다. 너무 추웠다. 일찍 도착했어도 햇빛이 들지 않아 젖은 양말과 삼중화 내피를 말릴 수 없었다. 1시 이후부터는 눈발까지 날렸다. 바람이 점점 거세지면서 혼자 있는 텐트 안은 더욱 추워졌다.

24일 아침 눈을 뜨니 온몸이 꽁꽁 얼어 동작이 굼떴다. 견디지 못하고 캠프1으로 대피했다. 내려오는 도중 올라오고 있는 스페인팀의 후아니토를 만났다. 후아니토는 14좌 등정을 마치고 재도전 하는 중이었다. 그들과 의논한 날짜보다 일찍 정상 시도를 하려다 실패하고 있던 나에게 후아니토는 "파사반을 의식하지 말고 천천히 하라"고 조언했다. 그리고 "지현옥을 생각하라"며 "27일 날씨도 오전에만 잠시 좋고 오후에는 눈이 내린다"고 다른 날을 권유했다. 이때만 해도 나중에 그 팀의 멤버가 내려오지 못하고 동사했을 때 후아니토가 구조의 모든 책임을 나에게 전가하리라고는 꿈에도 생각하지 못했다.

캠프1으로 내려오니 살 것 같았다. 나는 깊은 생각에 잠겼다. 경험상 정상시도는 기회를 놓치면 다음 기회가 없을 수도 있었다. 이번에 올라가야 한다는 느낌이 강하게 들었다. 이틀날 다시 캠프2로 올라갔다. 추운 캠프3는 건너뛰고 곧바로 캠프4로 올려치면 그들과 같은 날 정상시도가 가능했다. 지난 몇 년 동안 그렇게 캠프를 하나둘씩 건너뛰면서 등반한 경험으로 충분히 가능한 일이었다.

26일 캠프2에서 곧장 캠프4로 올라갔다. 기침이 심했고, 열이 나고 머리는 띵했다. 죽을 맛이었다. 서둘러 우모복을 챙겨 입고 따뜻한 물을 마시면서 휴식을 취했다. 27일 오전 1시 45분 마지막캠프를 출발했다. 칠흑 같은 어둠 속을 작은 랜턴 불빛 하나에 의지하며 전진했다. 나의 앞뒤로 카메라 두 대가 붙었고 전진캠프에서도 망원카메라가 나를 따라잡고 있었다.

　27일 온종일 나의 등반 모습이 인공위성을 타고 전국에 생중계되고 있었다. 처음에는 우리 팀이 제일 앞장서 나갔다. 뒤에는 후아니토가 이끄는 스페인팀 대원들과 폴란드팀 둘이 따라오고 있었다. 깅가민가의 걸음은 느렸다.

시간이 지나면서 내 발걸음도 무거워졌다. 무산소로 올라가던 나는 카메라맨에게 "더 이상 못 걷겠다" 하고 숨을 골랐다 그 사이 킹가민가의 긴 다리 위에 있는 엉덩이가 내 시야를 가렸다가 사라졌다. 순간 마음이 발걸음보다 앞서 나갔기 때문에 힘이 더 들었고 지쳐버렸음을 알게 됐다.

언제나 마음이 발걸음보다 앞서지 않게 하려고 했었는데 그때가 마지막 등반인데다가 HD생방송까지 하는 상황이 되다보니 마음의 속도를 제어하지 못하고 만 것이었다. 호흡을 가다듬으며 내 속도대로 오르기 시작했다.

오후 3시 나는 온 국민의 응원 속에 안나푸르나 정상에서 태극기를 휘날렸다. 그날 정상에 섰다가 마지막캠프로 돌아와 쉬고 있는데 내 뒤에 정상에 올랐다가 내려온 스페인팀에서 한 명이 위에서 내려오지 못하고 있다며 구조요청을 해왔다. 우리 팀 셰르파 옹추와 페마는 즉시 주변을 샅샅이 뒤지며 구조에 나섰으나 찾지 못했다. 그는 아내에게 마지막 통화음성을 남기고 영원히 잠들고 말았다. 스페인팀 리더 후아니토는 그의 죽음이 내가 적극적으로 구조하지 않았기 때문이라고 언론에 떠들었다. 스페인 언론은 "자기 팀 멤버 죽음의 책임을 왜 남의 팀에 전가하느냐?"며 후아니토를 비난했다.

이튿날 그는 헬기를 불러 마지막캠프를 탈출했고, 나는 끝까지 걸어서 베이스캠프로 내려왔다. 마음이 발걸음보다 앞서

면 어떤 결과가 나오는지 절감했다.

  나는 등반 때문에 다시 직장에서 쫓겨나는 시련을 딛고 K2 등반 성공 후 브로드피크까지 연속등정을 시도했다. 피를 토하는 고통을 견디며 8,400미터 이상 두 개의 고봉 마칼루와 로체를 연속 등정했다.

낭가파르바트 등반에서는 언론에 의해 라이벌로 그려져 있는 고미영의 죽음으로 큰 충격에 휩싸이기도 했지만 그 역시 극복하고 다음 등반을 이어나갔다. 14좌 마지막 봉우리인 안나푸르나 등반은 2009년부터 두 번에 걸쳐 시도해 결국 2010년 4월 27일 정상에 서면서 '세계 여성 최초 14좌 완등' 기록을 세웠다. 내 이름은 전 세계에 알려졌다.

'세계 여성 최초 14좌 완등'이라는 타이틀보다 17년간 고산 등반으로 나의 몸이 기억하는 고소적응력을 잘 파악해 '한 번에 두 봉우리씩 시즌별 연속 시도'라는 새로운 방식으로 15개월 만에 8개 봉우리를 무산소로 오른 것이 더 자랑스럽다. 지금까지도 전 세계 남녀 산악인을 통틀어 전무후무하다.

안나푸르나 8,091m

15좌,
학문의 산(infinity)

히말라야 14좌 완등이 가까워졌을 때 고려대 대학원에 입학해 등반가에서 연구자의 길로 첫발을 내디뎠다. 학문은 넘어야 할 15번째 봉우리였다. 생소하고 어려웠다. 책상 앞에 앉아 30분 버티기도 버거웠던 나는 석사과정을 마칠 때쯤 밤을 새우는 공부벌레로 변해 있었다. 졸업 후 박사학위에 도전했다. 공부는 할수록 깊고 넓어 가늠조차 되지 않았다. 돌아서면 잊어버리는 한계를 극복하기 어려웠다.

자연 앞에서 느꼈던 '나'라는 존재의 미미함은 '학문의 산' 앞에서도 마찬가지였다. 히말라야와 달리 '학문의 산'은 형체가 보이지 않았다. 그 산은 내가 쌓아서 올라가야 했다. 학문적 체계를 익히는 데 10년이 흘렀다. 학문적 역량을 키워가며 고군분투로 2020년 2월 마지막 15좌에 올랐다.

epilogue

책을 쓰며 솔직히 지겨웠다. 박사학위 논문으로 등반일기와 기사를 바탕으로 자문화기술지를 쓰면서 수백 번은 되새김질하며 이미 질려버렸다. 볼 때마다 뒤죽박죽 잘못된 표현이 나오고, 오타가 나오고, 띄어쓰기 등등 끝이 보이지 않았다.

원망과 미움으로 가득 찬 상태에서 글을 쓰면 안 되겠다 싶어 책 쓰기를 미뤄왔었다. 지난해 6월 변영섭 교수님 초대로 학림사 수환 스님과 함께 간 세종수목원에서 마음의 안정을 찾고 식물의 신비한 세계에 감탄하고 돌아오는 길이었다.

나를 오송역까지 바래다주는 차 안에서 변 교수님이 말씀하셨다

"박영석보다 그가 가진 욕망이 문제였다."

순간 박 선배에 대한 원망과 미움이 눈 녹듯 사라지며 눈물이 흘렀다. 사람과 그 사람의 욕망이 분리돼 보였다. 신기한 경험이었다.

그때부터 시작해 올 6월 초본을 넘기고 이제 출간하게 됐다. 감회보다는 빨리 훌훌 털고 벗어나고 싶었다.

1993년 에베레스트를 시작으로 7대륙 최고봉과 히말라야 14좌 등반에 도움을 주신 모든 분께 이 자리를 빌어 감사 인사 올립니다. 성기학 영원무역 회장님, 구자준 LIG손보 회장님, 강태선 블랙야크 회장님, 저의 가능성을 믿고 끝까지 지지해주신 이거종 <KBS> 국장님을 비롯해 생사고락을 함께한 김태민, 김형운 피디와 카메라맨 정하영, 홍성준 고맙습니다. 생업을 잠시 접고 함께해준 동기 이영주, 김유진 고마워!^^. 그밖의 많은 선후배, 동료 산악인 모두 고맙습니다. 선애야, 국향아, 상은아, 시연아 고생 많았고 보고 싶다.

대학원 진학에 도움을 주신 남상태 선배님, 석사과정 학비와 집필실 마련에 도움을 주신 민남규 선배님, 주말마다 암벽·빙벽 함께한 고려대 산악회 고클 멤버들께도 심심한 감사를 전합니다. 그리고 기꺼이 출간을 맡아주신 도서출판 허원미디어 유은실 대표님 고맙고 잊지 않겠습니다.

누구보다 마음 졸이며 고생하셨을 아버지와 어머니 감사드립니다. 이제 저에 대한 마음 비우시고 편히 사시기 바랍니다.

도전한다는 것,
물러설 용기를 얻는다는 것
오은선의 한 걸음

1쇄 펴낸날 | 2022년 12월 8일
2쇄 펴낸날 | 2023년 1월 18일
지은이 | 오은선
펴낸이 | 유은실
펴낸곳 | 허원미디어
주소 | 서울시 종로구 필운대로7길 19(옥인동)
대표전화 | (02) 766-9273
팩시밀리 | (02) 766-9272
홈페이지 | https://blog.naver.com/herwonmedia
출판등록 | 2005년 12월 2일 제300-2005-204호

ⓒ 오은선

ISBN 978-89-92162-95-1(03810)

값 18,000원

*잘못 만들어진 책은 구입하신 서점에서 교환해 드립니다.
*이 책 내용의 일부 또는 전부를 재사용하려면
반드시 도서출판 허원미디어의 동의를 얻어야 하며
무단 복제와 전재를 금합니다.